**Aktuelle Frauenforschung
Band 37**

Bulimie als soziokulturelles Phänomen

Konsequenzen für Theorie und Praxis

Christine J. Thies

Centaurus Verlag & Media UG 1998

Die Autorin, Jahrgang 1964, studierte Psychologie an der Universität Bremen. Sie arbeitet derzeit mi Selbsthilfegruppen und ist in der Beratung für junge Frauen mit Eßstörungen in einem Bremer Mädchentreff tätig.
Veröffentlichung: S. Brockfeld/C. Thies, *Gemeinsam durch dick und dünn*: Erfahrungsbericht über di pädagogische Arbeit mit eßsüchtigen und bulimischen jungen Frauen im Mädchentreff. *Gewitterziegen.* Bremen 1994 (Eigendruck).

Frontispiz: Linolschnitt. © Petra Fiebig, Bremen 1997.

Die Deutsche Bibliothek – CIP-Einheitsaufnahme

Thies, Christine J.:
Bulimie als soziokulturelles Phänomen : Konsequenzen für Theorie und Praxis / Christine J. Thies. – Pfaffenweiler : Centaurus-Verl.-Ges., 1998.
(Aktuelle Frauenforschung ; Bd. 37)
ISBN 978-3-89085-996-5   ISBN 978-3-86226-881-8 (eBook)
DOI 10.1007/978-3-86226-881-8

ISSN 0934-554X

Alle Rechte, insbesondere das Recht der Vervielfältigung und Verbreitung sowie der Übersetzung, vorbehalten. Kein Teil des Werkes darf in irgendeiner Form (durch Fotokopie Mikrofilm oder ein anderes Verfahren) ohne schriftliche Genehmigung des Verlages reproduziert oder unter Verwendung elektronischer Systeme verarbeitet, vervielfältig oder verbreitet werden.

© *CENTAURUS-Verlagsgesellschaft mit beschränkter Haftung, Pfaffenweiler 1998*

Satz: Vorlage der Autorin

Zusammenfassung

Eine Darstellung des Forschungsstandes zeigt eine individuumzentrierte Betrachtungsweise der Bulimie und eine Vernachlässigung ihrer kulturell-gesellschaftlichen Bedingungen. Da zugleich eine Kultur-, Zeit-, Symptom- und Geschlechtsspezifik der Bulimie festzustellen ist, wird auf der Grundlage von Literaturstudien eine Beschreibung dieses soziokulturellen Kontextes vorgenommen und zum individuellen Erleben bulimischer Frauen in Bezug gesetzt. Dabei zeigt sich, daß es sich bei der Bulimie um eine soziokulturell hervorgebrachte Symptomatik handelt, die als eine übertriebene Ausprägung geschlechtsspezifischer kultureller Normen hinsichtlich des Eßverhaltens und der Körpernormierung zu betrachten ist. Angesichts alterstypischer und gesellschaftlicher Entwicklungsanforderungen an junge Frauen, die durch patriarchale Strukturen bedingt und durch eine historisch neue Widersprüchlichkeit gekennzeichnet sind, steht die Bulimie als eine perfekt erscheinende Lösungsmöglichkeit bereit. Wenn jungen Frauen aufgrund geschlechtshierarchischer Bedingungen keine angemessenen Bewältigungsressourcen zur Verfügung stehen, kann die Bulimie in dieser überfordernden Lebensphase die Funktion einer Konfliktlösungsstrategie und eines Selbstheilungsversuches übernehmen. Während die Bulimie auf lange Sicht die bestehende Problemlage verschlechtert, liegt in ihrer Überwindung die Chance zur Entwicklung einer selbstbestimmten Lebensperspektive. Für die Behandlung erwachsen aus dieser Betrachtungsweise spezifische Konsequenzen, die sich unter anderem durch eine Aufhebung der Pathologisierung und Individualisierung der Bulimie auszeichnen und die Entwicklung einer selbstbestimmten weiblichen Identität und einer körpergerechten Eßrhythmik in den Mittelpunkt stellen. Am Beispiel einer Selbsthilfegruppe und auf der Grundlage von Interviewauszügen mit Teilnehmerinnen werden Möglichkeiten und Nutzen einer Integration dieser Konsequenzen in die Praxis aufgezeigt. Präventive Maßnahmen müssen auf subjektiver und gesellschaftlicher Ebene die Auflösung geschlechtshierarchisierender Rollennormen voranstellen. Der soziokulturelle Kontext der Bulimie erweist sich somit nicht nur als Schlüssel zu ihrem Verständnis, sondern bedingt außerdem spezifische Behandlungsinhalte und Ansatzpunkte für die Prävention.

Vorwort

Das Thema Eßstörungen begleitet mich schon viele Jahre. Neben eigenen Erfahrungen mit dem Kampf um Essen und Figur während der Zeit meines Erwachsenwerdens sorgt vor allem meine Arbeit im Bremer Mädchen- und Frauentreff *Gewitterziegen* e.V. für diese langjährige Begleitung.

Die vielen Gespräche mit den Teilnehmerinnen unserer Selbsthilfegruppen für Mädchen und jungen Frauen mit Eßstörungen öffnen mir immer wieder die Augen, erweitern Horizonte, lassen überraschende Einsichten und Aha-Erlebnisse entstehen. Oft zeigen sie mir eine Diskrepanz zwischen den in der Literatur zu findenden Deutungen der Bulimie und dem tatsächlichen Erleben betroffener Frauen. Wenn auch in zahlreichen Veröffentlichungen von der unverständlichen Krankheit Bulimie die Rede ist, so ergibt das Symptom bei jeder einzelnen Gruppenteilnehmerin einen zu erspürenden Sinn innerhalb ihrer Biographie. Auch bei den anderen Formen extremen Eßverhaltens, wie Mager- oder Eßsucht handelt es sich nicht um sinnlose Pathologie, sondern um leidvolle Überlebensversuche in einer überfordernden Problemsituation. Statt vermeintlich psychisch kranken und lebensuntüchtigen Frauen begegne ich bei meiner Arbeit sehr kraftvollen jungen Menschen, die bedauerlicherweise keinen anderen Ausweg sahen, als all ihre Energie und Kreativität in ein Bewältigungsbemühen zu stecken, das sich bitter gegen sie selbst richtet.

Diese Erfahrungen weckten in mir den Wunsch, die Bulimie als Selbstheilungsversuch zu beschreiben. Zugleich sollte mit den Selbsthilfegruppen der *Gewitterziegen* e.V. ein zur Nachahmung anregendes Unterstützungsangebot vorgestellt werden, das diesen Selbstheilungsaspekt auf spezifische Weise zu berücksichtigen versucht. Doch das Lesen einschlägiger Literatur in der Vorbereitungsphase ließ immer mehr Fragen offen, statt Klarheiten zu schaffen. Dieses Dilemma führte mich schließlich zu einer veränderten thematischen Gewichtung. Immer mehr drängten sich Fragen nach dem soziokulturellen Kontext in den Vordergrund. Eine Beschreibung der Bulimie als Selbstheilungsversuch ohne Berücksichtigung dieser kulturell-gesellschaftlichen Dimension erschien mir nicht mehr möglich und ließ mich die ursprüngliche Fragestellung modifizieren. Somit gestaltete sich das Schreiben dieses Buches zu einem spannenden Entwicklungsprozeß, der viele bereichernde Erkenntnisse mit sich brachte - nicht nur für meine praktische Tätigkeit, sondern auch für mich ganz persönlich.

Mein großer Dank für die umfassende Betreuung meiner Diplomarbeit, die diesem Buch zugrundeliegt, gilt Frau Prof. Dr. Gisla Gniech vom Studiengang Psychologie an der Universität Bremen. Ebenso herzlich bedanke ich mich für die freundliche Unterstützung von Frau Dipl.-Psych. Renate Kunze vom Zentrum für Diagnostik und psychosoziale Beratung im Bereich Eßstörungen an der Universität Bremen.

Den Mitarbeiterinnen vom Mädchen- und Frauentreff *Gewitterziegen* e.V. in Bremen, insbesondere Silvia Brockfeld, danke ich dafür, daß sie mir diese reichhaltige Praxiserfahrung ermöglichten. Vor allem aber danke ich allen Gruppenteilnehmerinnen der Selbsthilfegruppen, insbesondere den Interviewpartnerinnen, daß sie mich an ihrem Expertinnenwissen teilhaben ließen.

Und zu guter letzt gilt mein ganz besonderer Dank Matthias für seine liebevolle, unermüdliche und "geologische" Unterstützung.

Christine J. Thies
Bremen, März 1997

Inhaltsverzeichnis

1.	**Einleitung**	1
2.	**Theoretische Grundlagen**	3
2.1	Definition	3
2.2	Symptomatologie	4
2.3	Psychische Charakteristika	11
2.3.1	Komorbidität	13
2.3.2	Psychodynamik	14
2.4	Verbreitung	14
2.5	Ätiologie	17
2.5.1	Biologische Faktoren	17
2.5.2	Familiäre und individuelle Faktoren	21
2.5.3	Soziokulturelle Faktoren	24
2.5.4	Vier Theorien zur Ätiologie	25
2.6	Behandlung	28
2.6.1	Psychotherapie	29
2.6.2	Selbsthilfe	34
2.7	Verlauf	35
2.8	Anmerkungen zum Stand der Forschung	37
3.	**Bulimie als Konfliktlösungsstrategie und Selbstheilungsversuch**	41
3.1	Zur Geschichte der Bulimie	41
3.2	Zur Bedeutung des Essens	44
3.2.1	Vom Mittelalter bis zum 20. Jahrhundert	45
3.2.2	Heutige Zeit	46
3.2.3	Bulimie und Ernährungskultur	49

3.3	Zur Geschlechtsspezifik der Bulimie	50
3.3.1	Kulturhistorische Vergesellschaftung der Frau	50
3.3.2	Veränderte Lebenswelt	53
3.3.3	Bulimie als Lösungsversuch	56
3.4	Zur Bedeutung des weiblichen Körpers	61
3.4.1	Kulturhistorische Vergesellschaftung des weiblichen Körpers	61
3.4.2	Im Zeitalter des Körperkults	63
3.4.3	Bulimie und Körpernormierung	68
3.5	Zum kulturellen Umgang mit Krankheit und Gesundheit	70
3.5.1	Zum kulturellen Umgang mit Bulimie	71
3.6	Zum individuellen Erleben bulimischer Frauen	77
3.7	Bulimie als soziokulturelles Phänomen - eine Zusammenfassung	82
4.	**Konsequenzen für die Praxis**	**86**
4.1	Frauenspezifische Unterstützungsmaßnahmen	86
4.2	Zum Beispiel Selbsthilfe	97
4.2.1	Zum subjektiven Erleben aus Teilnehmerinnenperspektive	103
4.3	Anregungen für einen vernachlässigten Bereich: Prävention	117
5.	**Schlußbemerkungen**	**126**
6.	**Literaturverzeichnis**	**131**

Abbildungs- und Tabellenverzeichnis

Abb. 1	Teufelskreis der Bulimie	6
Abb. 2	Erklärungsmodell zur Bulimie	18
Abb. 3	Modell zur biologischen Adaptation an Mangelernährung bei der Aufrechterhaltung bulimischen Eßverhaltens	19
Abb. 4	Zum Verständnis der Bulimie bei jungen Frauen	84
Abb. 5	Verlaufsphasen der angeleiteten Selbsthilfegruppe für junge Frauen mit Eßstörungen im Mädchen- und Frauentreff *Gewitterziegen* e.V.	99

Tab. 1	Diagnostische Kriterien der Bulimie	5
Tab. 2	Eßanfall auslösende Momente	8
Tab. 3	Mögliche physische Folgeerscheinungen des bulimischen Eßverhaltens	11
Tab. 4	Typische psychische Charakteristika bulimischer Frauen	12
Tab. 5	Typische Charakteristika der Familien bulimischer Frauen	22
Tab. 6	Sechs Behandlungsschritte der systemischen Therapie	33
Tab. 7	Inhalte der feministischen Therapie	34
Tab. 8	Inhalte frauenspezifischer Unterstützungsmaßnahmen bei Bulimie	87
Tab. 9	Ziele frauenspezifischer Unterstützungsmaßnahmen bei Bulimie	96
Tab. 10	Inhaltliche Schwerpunkte des Konzeptes zur angeleiteten Selbsthilfegruppe für junge Frauen mit Eßstörungen im Mädchen- und Frauentreff *Gewitterziegen* e.V.	100
Tab. 11	Zur Rolle der Anleitung im Konzept zur angeleiteten Selbsthilfegruppe für junge Frauen mit Eßstörungen im Mädchen- und Frauentreff *Gewitterziegen* e.V.	101

Tab. 12	Gründe für die Teilnahme am Selbsthilfegruppenangebot der *Gewitterziegen* e.V.	104
Tab. 13	Zielvorstellungen und Erwartungen bezüglich der Teilnahme am Selbsthilfegruppenangebot der *Gewitterziegen* e.V.	105
Tab. 14	Positiv bewertete Unterstützungsleistungen der angeleiteten Selbsthilfegruppe der *Gewitterziegen* e.V.	106
Tab. 15	Positiv bewertete Unterstützungsleistungen der Anleitung des Selbsthilfegruppenangebots der *Gewitterziegen* e.V.	107
Tab. 16	Negativ bewertete Aspekte des Selbsthilfegruppenangebots der *Gewitterziegen* e.V.	111
Tab. 17	Individuelle Erfolge bezüglich der Teilnahme am Selbsthilfegruppenangebot der *Gewitterziegen* e.V.	113
Tab. 18	Anregungen zur mädchenspezifischen Prävention von Bulimie	121
Tab. 19	Anregungen bulimischer Frauen zur mädchenspezifischen Prävention von Bulimie	123

1. Einleitung

Seit etwa fünfundzwanzig Jahren nehmen innerhalb Theorie und Praxis der Klinischen Psychologie die Eßstörungen, vor allem Anorexia nervosa und Bulimia nervosa, einen immer größeren Stellenwert ein. Während die Anorexia nervosa als Kind der siebziger Jahre betrachtet wird, gilt die Bulimia nervosa als Novum der achtziger Jahre.
Doch bis heute scheint es kaum zu einem Rückgang ihres Ausmaßes und ihrer Aktualität gekommen zu sein. Beide Eßstörungen genießen zwar inzwischen in Wissenschaft und Öffentlichkeit große Publizität, doch trotz aller Aufklärung, Ursachenforschung und zahlreich entwickelter Therapiemodelle weisen viele Studien weiterhin auf ansteigende Prävalenzraten hin, insbesondere bezüglich der Bulimia nervosa. Auch hinsichtlicher therapeutischer Erfolge wird noch immer von einer mittelmäßigen Bilanz gesprochen. Es besteht folglich weiterhin dringender Bedarf an der Entwicklung neuer Facetten zur Theoriebildung, spezifischer Unterstützungsmöglichkeiten für Betroffene und an Ideen für den Bereich der Prävention.
Obwohl es sich bei der Bulimia nervosa um eine typische Symptomatik westlicher Kulturen handelt, die zu Anfang nur Frauen betraf und entsprechend aktueller Angaben heute in durchschnittlich 90 Prozent der Fälle weiterhin Frauen betrifft, wird diese Kultur-, Zeit- und Geschlechtsspezifik der Bulimia nervosa bislang in der Literatur nur am Rande diskutiert. Auch die Symptomspezifik (übermäßige Nahrungsaufnahme, Erbrechen, Angst vor dem Dickwerden) wird selten zu erklären versucht, so daß die Fragen, die sich FRANKE (1994b) bezüglich des magersüchtigen Verhaltens aufdrängen, ebenfalls auf die bulimische Symptomatik zutreffen. "Warum", so fragt sie sich, "hören sie nicht auf, zu schlafen? Warum beginnen sie nicht, sich eine Höhle zu bauen? Warum fangen sie nicht an, Gedichte auf Konservendosendeckel zu ritzen und Bäume mit den Deckeln zu behängen? Warum tun sie nicht sonst irgend etwas, auf das ich und andere Gesunde nicht kommen?" (S. 72).
Statt dessen wird in der Literatur eine Betrachtungsebene bevorzugt, die das bulimische Verhalten auf pathologische individuell-familiäre Dispositionen zurückführt. Doch die Tatsache, daß seit den achtziger Jahren immer mehr

Einleitung

westliche junge Frauen eine Symptomatik entwickeln, die sich auf die Bereiche Nahrung und Körpermaß konzentriert, weist unübersehbar auf eine soziokulturelle Dimension hin. Bislang hat jedoch der Einbezug dieses Kontextes in die Theorie kaum und in praktische Behandlungskonzepte fast gar nicht stattgefunden. Im Mittelpunkt dieser Arbeit steht daher die Frage, welche Konsequenzen aus einer Betrachtung des soziokulturellen Kontextes der Bulimia nervosa sowohl für das Verständnis der bulimischen Denk-, Fühl- und Verhaltensweise als auch für die praktische Arbeit mit bulimischen Frauen erwachsen.

Das Buch gliedert sich in drei aufeinander aufbauende Teile. Vorab bietet im zweiten Kapitel eine Zusammenfassung des aktuellen Forschungsstandes einen Überblick über wissenswerte grundlegende und jüngste Erkenntnisse zum Thema Bulimia nervosa. Auf dieser theoretischen Grundlage erfolgt im dritten Kapitel eine Betrachtung ihrer Kultur-, Zeit-, Symptom-, Alters- und Geschlechtsspezifik, die zum individuellen Erleben bulimischer Frauen in Bezug gesetzt wird. Diese Ausführungen haben zum Ziel, neue Dimension zum Verständnis der Bulimia nervosa zu eröffnen. Welche Konsequenzen daraus für die praktische Arbeit erwachsen, steht im Mittelpunkt des vierten Kapitels. Als abschließende Ergänzung werden am Beispiel einer Selbsthilfegruppe Möglichkeiten zur Integration des soziokulturellen Kontextes in die praktische Arbeit vorgestellt und Ansatzpunkte für die Prävention entwickelt.

Da eine Geschlechtsspezifik eindeutig gegeben ist, bezieht sich diese Arbeit ausschließlich auf Bulimia nervosa bei Frauen. Inwieweit die Ausführungen und ihre Schlußfolgerungen auch auf bulimische Männer zutreffen, bleibt in entsprechenden Studien zu überprüfen. Desweiteren wird in den folgenden Ausführungen statt der Bezeichnung *Bulimia nervosa* synonym der alltagssprachlich vertrautere Begriff *Bulimie* verwendet. Sollte in Ausnahmefällen von der historischen Bulimie im Sinne von ZIOLKO und SCHRADER (1985) die Rede sein, so wird eine eindeutige begriffliche Unterscheidung getroffen. Bevorzugt wird ebenfalls der von GRÖNE (1995b) eingeführte Terminus *bulimische Denk-, Fühl- und Verhaltensweisen*. Grundlegende Kenntnisse der Klinischen Psychologie werden in der vorliegenden Arbeit als Vorwissen der Leserinnen und Leser vorausgesetzt. Das dieser Arbeit zugrundeliegende Verständnis der Bulimie geht von einer psychisch bedingten Symptomatik aus, dessen Entwicklung und Aufrechterhaltung durch spezifische physische Faktoren Unterstützung erhält.

2. Theoretische Grundlagen

Spätestens seit Lady Di zählt der Begriff Bulimie zum postmodernen Alltagswortschatz. Schon länger stellt die Bulimie heute kein unbekanntes Terrain mehr dar. Wenn allein von 1975 bis 1987 die Zahl wissenschaftlicher Bücher und Artikel über Bulimie aus dem deutschen und angloamerikanischen Sprachraum von 18 auf 212 Veröffentlichungen angestiegen war (TARR-KRÜGER, 1990), so läßt die derzeitige Flut von Literatur nur erahnen, um wieviel sie sich in den vergangenen neun Jahren noch vermehrt hat.

Das folgende Kapitel bietet daher der Leserin und dem Leser eine überblicksartige Zusammenfassung zum heutigen Wissenstand über diese Form der Eßstörung. Sie erleichtert als theoretische Grundlage nicht nur den Einstieg in die anschließenden Kapitel, sondern entpuppt sich außerdem als aufschlußreiches Spiegelbild der vorherrschenden Umgangsformen mit dem Phänomen Bulimie in Wissenschaft und Öffentlichkeit.

2.1 Definition

Begrifflichkeit

Auffallend ist, daß sich innerhalb der Literatur keine einheitliche Bezeichnung der Bulimie finden läßt. Am häufigsten werden die Begriffe Bulimie, Bulimia, Bulimia nervosa oder Bulimie-Syndrom verwendet. Abgeleitet von griechisch "bous" (Bulle oder Stier) und "limos" (Hunger) bedeuten die Bezeichnungen in der wörtlichen Übersetzung Stierhunger. Umgangssprachlich wird auch von Eß-Brech- (oder Freß-Kotz-) Sucht gesprochen, was dem englischen Ausdruck Binge-purge syndrome nahekommt. Auflistungen weiterer Bezeichnungen der Bulimie finden sich bei WEISS ET AL. (1985) und ZIOLKO und SCHRADER (1985).

Diagnosekriterien

Diagnostische Kriterien zur Bulimie bestehen erst seit relativ kurzer Zeit. HAMILTON ET AL. (1984) haben zusammenfassend dargestellt, daß die Bulimie seit 1959 verstärkt unter anderem Namen in der Literatur erwähnt wurde, aber bis 1970 als ein mögliches Symptom der Anorexia nervosa galt. Von *Bulimia nervosa* sprach als erster RUSSELL (1979), noch bevor unter dieser Bezeichnung die Bulimie von der American Psychiatric Association 1980 als eigenständige Erkrankung in die dritte Auflage des diagnostischen und statistischen Manuals psychischer Störungen (DSM-III) aufgenommen wurde. Als Beispiel eines diagnostischen Tests sei der häufig verwendete EDE (The Eating Disorder Examination) angegeben. Er findet sich bei FAIRBURN und COOPER (1993).

In Tabelle 1 sind die offiziellen Diagnosekriterien des internationalen Diagnoseschlüssels der World Health Organization von 1987 (ICD-10) (zit.nach RUSSELL, 1989) und der American Psychiatric Association von 1995 (DSM-IV) (zit.nach VANDERLINDEN, 1995) wiedergegeben.

2.2 Symptomatologie

Nach HABERMAS (1990) beginnt die bulimische Symptomatik typischerweise mit dem Versuch der Gewichtsabnahme bei bestehendem Normalgewicht mit leichter Tendenz zur Übergewichtigkeit. Dem folgen Eßanfälle und gleichzeitig oder später Erbrechen. Auch BAUER ET AL. (1992) stellen in der Literatur durchschnittliche Angaben von eineinhalb Jahren Diäthalten fest, bevor es zum ersten bulimischen Vorfall kommt.

Als drei Hauptsymptome der Bulimie nennen FAIRBURN ET AL. (1989): gestörtes Eßverhalten, extreme Methoden der Gewichtskontrolle und übermäßige Beschäftigung mit Gewicht und Körperform. Hervorgehoben wird in der Literatur außerdem der Heimlichkeitsaspekt des bulimischen Vorfalls (z.B. POLIVY & HERMAN, 1993; WEISS ET AL., 1994). Doch in jüngeren Veröffentlichungen mehren sich zunehmend Berichte von offen gelebter Bulimie (z.B. GRÖNE, 1995b; HABERMAS, 1990).

Ein oft genanntes Symptom stellt außerdem die permanente, vorwiegend gedankliche Beschäftigung der bulimischen Frau mit Essen und Figur dar (ZIOLKO & SCHRADER, 1985). Zugleich besteht eine Einteilung der Nahrungsmittel in erlaubte (kalorienarme/"gesunde") Kost, die hauptsächlich in geringer Menge zwischen den bulimischen Vorfällen gegessen wird, und verbotene (kalorienreiche/"ungesunde") Kost, die zumeist während des bulimischen Vorfalls konsumiert wird (RUSSELL, 1989).

Bulimischer Teufelskreis

Das Auftreten dieser Symptome wird häufig als Teufelskreis beschrieben. ORLEANS und BARNETTS (1984) Darstellung des Zusammenhangs von Hungern,

Eßanfällen, Erbrechen, Scham- und Schuldgefühlen und erneutem Hungern ist in Abbildung 1 wiedergegeben.

Tabelle 1   Diagnostische Kriterien der Bulimie

Diagnostik nach ICD-10, 1987 (zit.nach RUSSELL, 1989)

1. Ständige Beschäftigung mit dem Essen und Episoden des übermäßigen Essens (große Mengen werden sehr rasch verzehrt).
2. Die Patientin versucht gegen die dickmachende Wirkung des Essens eine der folgenden Aktivitäten einzusetzen:
   - Selbstinduziertes Erbrechen
   - Laxantienabusus
   - Vorübergehendes Fasten
   - Medikamentenmißbrauch (Appetitzügler, Schilddrüsenpräparate oder Diuretika)
   - Vernachlässigung der Insulin-Behandlung (bei Diabetikern).
3. Eine krankhafte Furcht vor dem Dicksein; die Patientin bestimmt selber eine Gewichtsschwelle, die unterhalb ihres "gesunden" Gewichts liegt.
4. Eine frühere Episode von Anorexia nervosa (oft, aber nicht immer vorhanden).

Diagnostik nach DSM-IV, 1995 (zit.nach VANDERLINDEN, 1995)

A. Wiederholte Episoden von Freßanfällen mit beiden folgenden Charakteristiken:

(1) in einer *bestimmten Zeitspanne* (z.B. 2 Stunden) Verzehr einer Essensmenge, die bedeutend größer ist als die Menge, die die meisten anderen Menschen in einer ähnlichen Zeitspanne und unter ähnlichen Umständen zu sich nehmen würden; und

(2) ein *Gefühl von Kontrollverlust* hinsichtlich des Eßverhaltens während dieser Episode (z.B. das Gefühl, nicht mit dem Essen aufhören zu können oder die Kontrolle über Qualität und Quantität des Essens zu verlieren).

B. Wiederholtes unangemessenes Kompensationsverhalten, um eine Gewichtszunahme zu verhindern, zum Beispiel: selbstinduziertes Erbrechen, Gebrauch von Abführmitteln, harntreibenden Mitteln oder anderen Medikamenten, Fasten oder exzessive körperliche Betätigung.

C. Durchschnittlich mindestens zwei Freßanfälle und unangemessenes Kompensationsverhalten pro Woche über einen Mindestzeitraum von drei Monaten.

D. Das Selbstwertgefühl wird unverhältnismäßig stark durch die Figur und das Körpergewicht beeinflußt.

E. Die Symptome treten nicht während einer Episode der Anorexia nervosa auf.

Theoretische Grundlagen ... - Symptomatologie

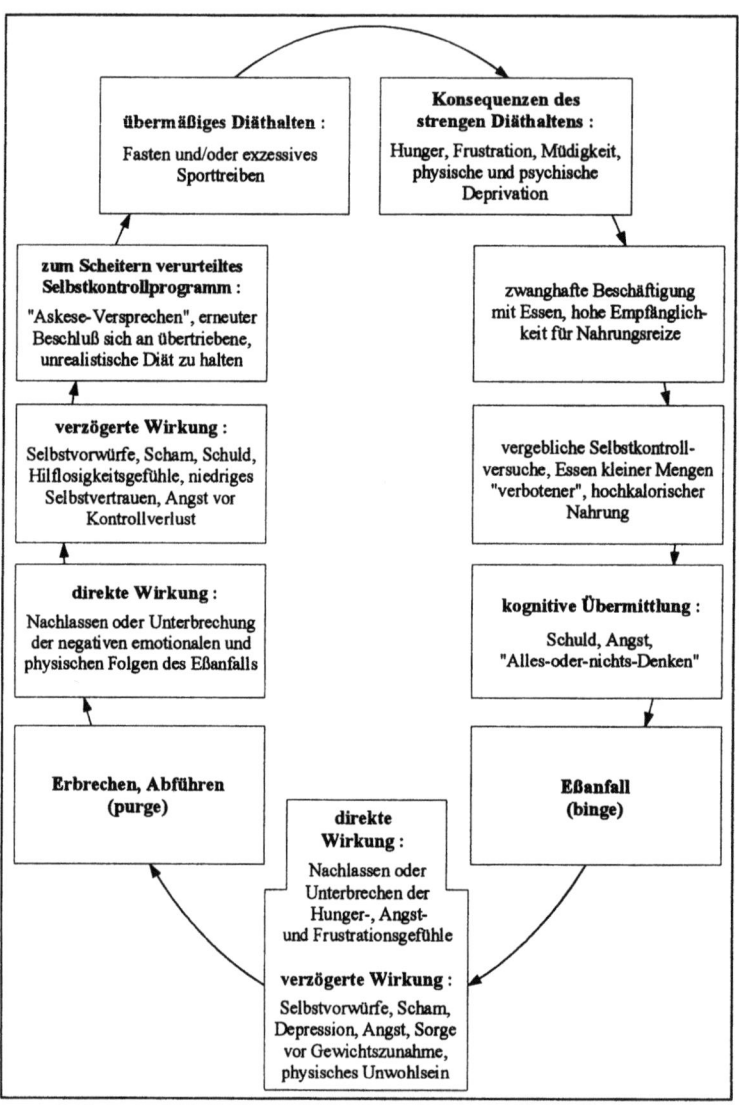

Abbildung 1 Teufelskreis der Bulimie (nach ORLEANS & BARNETT, 1984)

Schweregrad

Die Symptome der Bulimie treten in unterschiedlichen Ausprägungen auf. FEIEREIS (1989) trifft Aussagen über den Schweregrad dieser Ausprägungen nach Häufigkeit der bulimischen Vorfälle, Höhe des Gewichts und Ausmaß der physischen Folgeerscheinungen.

HERZOG ET AL. (1989) sprechen von *schwerer* Symptomatik bei mindestens zweimal wöchentlich stattfindenden bulimischen Vorfällen mit ausgeprägten Anpassungsstörungen (z.B. Fehlen am Arbeitsplatz, Auftreten medizinischer Komplikationen). Unter *ausgeprägter* Symptomatik verstehen sie eine Häufigkeit von mindestens zweimal pro Woche ohne Einschränkung der Lebensbewältigung. Bei *deutlicher* Symptomatik müssen die offiziellen diagnostischen Kriterien des DSM nicht mehr vollständig erfüllt sein.

Eßanfälle

Betont werden die enormen Unterschiede in der Ausprägung hinsichtlich Menge, Art und Dauer eines Eßanfalls (z.B. GRÖNE, 1995a; WALSH, 1993). ZIOLKO und SCHRADER (1985) kommen nach Durchsicht entsprechender Literatur auf eine Frequenz der Eßanfälle von mehrmals täglich bis zu einem in zwei Wochen mit einem Wochendurchschnitt von 11,7 Vorfällen und einer Dauer von 15 bis 43 Minuten. KIESELBACH (1985) hält bei der Mehrheit mindestens einen Eßanfall pro Tag für die Regel.

Die angegebenen Kalorienmengen eines Eßanfalls variieren von 1500 bis 3000 (GRÖNE, 1995a), 3400 bis 4800 (ZIOLKO & SCHRADER, 1985), durchschnittlich 6000 (Bundeszentrale für gesundheitliche Aufklärung, 1994) und 1000 bis 10000 Kalorien (BECKER, 1994).

Den meisten Darstellungen zufolge handelt es sich zumeist um sonst "nicht gestattete", hochkalorische Nahrungsmittel, die in der Regel bis zur Grenze der Aufnahmekapazität des Magens aufgenommen werden (z.B. BECKER, 1994; RUSSELL, 1989; WEISS ET AL., 1985; ZIOLKO & SCHRADER, 1985).

RUSSELL (1989) hebt hervor, daß eine Mahlzeit häufig mit "erlaubten" Nahrungsmitteln begonnen wird und dann nach einem Alles-oder-nichts-Prinzip in einen Eßanfall mit "verbotenen" Nahrungsmitteln übergeht. In jüngerer Literatur wird zunehmend von geringer Nahrungsaufnahme berichtet, die nur ihrem subjektiven Empfinden nach von der bulimischen Frau als Eßanfall bewertet wird (z.B. FAIRBURN & WILSON, 1993; WALSH, 1993).

Als zentrales Element des Eßanfalls nennt LANGSDORFF (1985) das Gefühl des Kontrollverlustes. Als Auslösesituationen gelten Alleinsein, Langeweile, unangenehme Gefühlszustände und Hunger (POLIVY & HERMAN, 1993). In Tabelle 2 sind die von HABERMAS (1990) bei 39 bulimischen Frauen festgestellten auslösenden Momente dargestellt.

Tabelle 2   Eßanfall auslösende Momente (nach HABERMAS, 1990)

---

1. Einsamkeit und Alleinsein
2. Streß, Gefühl der Lähmung, Unterdrückung durch andere
3. Zustände der inneren Leere, Langeweile oder Entfremdung
4. Wut, Ärger
5. Ängste, verlassen zu werden, Enttäuschungen durch andere
6. Traurigkeit, Deprimiertsein
7. Hunger, Appetit
8. Frustriertsein, Unzufriedenheit
9. Müdigkeit, Kraftlosigkeit

Entleerungsmaßnahmen

In der Literatur wird das selbstinduzierte Erbrechen als häufiges, aber nicht obligates Symptom der Bulimie angesehen. WEISS ET AL. (1994) finden Angaben von durchschnittlich 81 bis 94 Prozent bulimischer Frauen, die regelmäßiges Erbrechen praktizieren.

    Hinsichtlich der Häufigkeit wird allgemein von variablen Frequenzen berichtet. ZIOLKO und SCHRADER (1985) geben nach Literaturstudium eine Häufigkeit von 15 bis 20 mal pro Tag bis zu einmal in zwei Wochen an. Nach WEISS ET AL. (1994) erbrechen durchschnittlich die Hälfte der bulimischen Frauen täglich. Die Bundeszentrale für gesundheitliche Aufklärung (1994) spricht von 60 Prozent der bulimischen Frauen, die ein bis zweimal täglich, von 30 Prozent, die bis zu sechsmal, und von 10 Prozent, die noch öfter pro Tag erbrechen.

    Statt oder zusätzlich zum Erbrechen werden noch andere Mittel zur Entleerung eingesetzt. FEIEREIS (1989) stellt bei 35 Prozent stationärer Patientinnen Laxantienabusus fest. KIESELBACH (1985) und WEISS ET AL. (1994) halten dies bei der Hälfte aller bulimischen Frauen für gegeben. Als weiteres Mittel zur Gewichtsreduzierung nennt HÄNSEL (1985) bei 65 Prozent Appetitzüglerabusus. Strenges Fasten, Diuretikaabusus, exzessives Sporttreiben und Einläufe werden ebenfalls erwähnt (BECKER, 1994; FAIBURN ET AL., 1989; ZIOLKO & SCHRADER, 1985).

Gewicht

Bezüglich des Körpergewichts bulimischer Frauen sind in der Literatur unterschiedliche Angaben angegeben. Nach Fichter (1993a) haben sie in der Regel Normalgewicht. KIESELBACH (1985) gibt die Anzahl normalgewichtiger bulimischer Frauen mit nur 70 Prozent an. HÄNSEL (1985), FEIEREIS (1989) und LAESSLE und PIRKE (1989) halten dagegen ein Gewicht im Normalbereich bis leicht erhöht für charakteristisch. In der jüngeren Literatur wird jedoch zunehmend von untergewichtigen bulimischen Frauen gesprochen (WALSH, 1993; FICHTER, 1993a).

Häufig wird außerdem auf enorme Gewichtsschwankungen im Verlauf der Eßstörung hingewiesen (z.B. HÄNSEL, 1985; ZIOLKO & SCHRADER, 1985). WEISS ET AL. (1994) bemerken übereinstimmende Aussagen in der Literatur, daß sich bulimische Frauen nie für dünn genug halten, ihr Wunschgewicht unter ihrem Idealgewicht liegt, während sie sich zumeist schwerer einschätzen als sie tatsächlich sind.

Psychische Auswirkungen

Wenig ausdrückliche Erwähnung finden in der Literatur die psychischen Auswirkungen des bulimischen Verhaltens. SCHMIDT ET AL. (1995) und WEISS ET AL. (1994) nennen als entscheidendste Folge des bulimischen Verhaltens die soziale Isolation, die durch die Geheimhaltung sowie die ständige gedankliche und tatsächliche Beschäftigung mit Essen und Erbrechen bedingt wird. Sie verstärkt das Gefühl, nicht normal oder "verrückt" zu sein, führt zu Selbstabwertungen, Einsamkeit und Langeweile. Als weitere Folge der Bulimie nennen sie Schuld- und Schamgefühle, Gefühle des Versagens, des Kontrollverlustes, Depressionen und starke Selbstzweifel bis hin zum Selbsthaß.

HABERMAS (1990) spricht außerdem von Auswirkungen der Bulimie auf Arbeit oder Studium (z.B. Konzentrationsmangel, Probleme im Umgang mit Kolleginnen und Kollegen). WEISS ET AL. (1994) weisen ebenso auf den nicht zu unterschätzenden psychischen Druck hin, den sowohl die Angst vor dem Entdecktwerden als auch die häufig massiven finanziellen Probleme mit sich bringen. Zur Ergänzung sei die Angabe der Bundeszentrale für gesundheitliche Aufklärung (1994) von ca. 70 DM pro Eßanfall genannt.

Physische Auswirkungen

Bedeutend ausführlicher werden in der Literatur die körperlichen Folgeerscheinungen des bulimischen Eßverhaltens beschrieben. Einen besonderen Stellenwert nimmt dabei die sogenannte Nutritionshypothese ein, die auch als ätiologischer Faktor herangezogen wird (siehe 2.5.1).

Die Nutritionshypothese geht von einer intermittierenden Mangelernährung aus. Sie wird bedingt durch das Erbrechen und durch die geringe Kalorienaufnahme in den Zeiten zwischen den Eßanfällen. So geben beispielsweise LAESSLE und PIRKE (1989) für bulimische Frauen eine durchschnittlich aufgenommene Menge von weniger als 1500 Kalorien an sieben von zwanzig Tagen an.

Als mögliche Folgen dieser Mangelernährung werden eine metabolische und endokrine Anpassung sowie Neurotransmitterstörungen festgestellt. Es kommt zu einem Hypometabolismus durch niedrige Trijodthyronin(T3)-Werte und zur Veränderung zentraler Neurotransmittersysteme, wobei Noradrenalin- und Serotoninmangel am häufigsten festgestellt und untersucht wurden. Eine Folge dieser metabolischen und endokrinen Anpassung an Mangelernährung stellt die Herabsetzung des Grundumsatzes dar, was eine besonders rasche Gewichtszunahme bei bedarfsgerechter Ernährung auslösen kann. Ausführungen zur Nutritionshypothese finden sich bei BLUNDELL ET AL. (1989), BOLO (1993), FICHTER ET AL. (1988), FICHTER und PIRKE (1989, 1995), LAESSLE und PIRKE (1989), PIRKE (1989) und SCHWEIGER ET AL. (1988).

Eine weitere Folge der Mangelernährung stellen erhöhte Depressionswerte dar, die nach LAESSLE und PIRKE (1989) mit dem bei bulimischen Frauen festgestellten Noradrenalin- und Serotoninmangel in Zusammenhang stehen. Serotoninmangel führt außerdem zu Heißhunger auf Kohlehydrate und kann die Wahrnehmung von Hunger und Sättigung ungünstig beeinflussen (GRUNERT, 1993; JIMERSON ET AL., 1988; LAESSLE ET AL., 1988; O'ROURKE ET AL, 1988; SCHWEIGER ET AL., 1988; WATERHOUSE, 1995). Auch die permanente gedankliche Beschäftigung mit Essen interpretieren einige Autorinnen und Autoren mit der Begründung, daß sie durch starke Hungergefühle hervorgerufen wird, als eine Folge der Mangelernährung (WAADT & LAESSLE, 1991).

In Tabelle 3 werden die von LAESSLE und PIRKE (1989) und BECKERMANN (1991) angegebenen physischen Folgeerscheinungen zusammenfassend dargestellt. In der Literatur finden sich noch zahlreiche Auflistungen anderer physischer Auswirkungen des bulimischen Eßverhaltens (z.B. BECKER, 1994; LANGSDORFF, 1985; MITCHELL & POMEROY, 1989; SANSONE & SANSONE, 1994).

Tabelle 3   Mögliche physische Folgeerscheinungen des bulimischen Eßverhaltens

nach LAESSLE & PIRKE, 1989			
metabolische und endokrine Veränderungen, Neurotransmitterstörungen → Heißhungergefühle, niedriger Grundumsatz, Depressionen			
nach BECKERMANN, 1991			
Haut :	Austrocknung und Ödeme im Wechsel, verminderte Elastizität	Elektrolyt- / Wasserhaushalt :	Kaliumverlust, Mangel an Natrium, Kalzium, Chlorid und Magnesium
Herz / Kreislauf :	Herzrhythmusstörungen, Hypotonie, EKG-Veränderungen	Stoffwechsel :	Blutzuckerabfall (Zittern, Schwindel, Heißhunger)
Hormonsystem :	Zyklusstörungen / Amenorrhöe	Skelettsystem / Bindegewebe :	Osteoporose, Bindegewebsschwäche
Magen / Darm :	Zahnschmelzschäden, Speicheldrüsenschwellung, Ösophagitis, Magendilatation, Magenruptur, Verstopfung	sonstiges :	Vitaminmangel (A, D, E, K, B1, B12), Schwächegefühl, Adynamie, Kälteempfindlichkeit, Schwindel, Müdigkeit

Über die Häufigkeit der Vorkommen einzelner Folgeerscheinungen ist wenig bekannt. FEIEREIS (1989) stellte bei 44 Prozent eine Amenorrhöe, bei 11 Prozent eine Hypokalämie und darüber hinaus keine pathologischen Laborbefunde fest. MITCHELL und POMEROY (1989) betonen, daß die physischen Konsequenzen zumeist nicht schwer sind und sich schnell zurückbilden, wenn die zugrundeliegende Störung wirksam bearbeitet wird. Trotzdem weisen sie ebenso wie FICHTER (1991) ausdrücklich auf die Notwendigkeit von medizinischen Untersuchungen hin.

2.3 Psychische Charakteristika

KÄMMERER (1989b) verweist auf die Vielschichtigkeit der bulimischen Persönlichkeit, die sich nicht in eine einheitliche Gruppe zusammenfassen läßt. FOCKS (1994) betont die Schwierigkeit, ursächliche (primäre) Charakteristika von aus der Eßstörung resultierenden (sekundären) Merkmalen zu trennen. Beide Aussagen bieten Erklärungen für die zahlreichen unterschiedlichen und uneindeutigen Beschreibungen psychischer Charakteristika in der Literatur und unterstützen die häufig zu findende These, daß es *die* bulimische Persönlichkeit nicht gibt.

In Tabelle 4 sind die von FOCKS (1994) genannten und ergänzende Charakteristika wiedergegeben, die eine repräsentative Zusammenfassung der in der Literatur genannten Merkmale darstellen. Es handelt sich dabei um häufig festgestellte, aber nicht obligatorische Charakteristika.

Tabelle 4 Typische psychische Charakteristika bulimischer Frauen (nach FOCKS, 1994)

- verstärktes Bedürfnis nach Anerkennung
- Verstecken der unerwünschten Persönlichkeitsanteile (z.B. Aggressivität, Bedürftigkeit, Autonomiebestrebungen, Eifersucht)
- Gefühle der Fremdkontrolle
- große Bedeutung des eigenen Aussehens
- Angst vor dem Dickwerden
- hohe Sensibilität für die Erwartungen anderer
- leistungsorientiertes Verhalten
- Perfektionismus
- Konfliktvermeidung (oder)
- indirekte Konfliktbewältigungsstrategien (z.B. Schweigen, sich Zurücknehmen, Nachgeben)

Zur Ergänzung der psychischen Charakteristika sei die empirisch entwickelte Klassifizierung der bulimischen Persönlichkeit in drei Gruppen nach PAUL (1987) genannt. Die *sozial-phobischen* bulimischen Frauen sind vor allem durch Kontaktprobleme, Ängste vor Kritik, Mißerfolg oder Bloßstellung gekennzeichnet. *Impulsive* Frauen zeigen eine niedrige Frustrationstoleranz, erhöhte Reizbarkeit und Unbeherrschtheit. Als dritte Gruppe stellen sich *unauffällige* bulimische Frauen als ausgeglichen, optimistisch und selbstsicher dar.

Körperbildstörungen

Körperbildstörungen werden häufig als Kernproblem der Bulimie verstanden (JACOBI & PAUL, 1989; SCHULTE & BÖHME-BLOEM, 1990; VANDEREYCKEN, 1989; VANDEREYCKEN ET AL., 1988). Sie äußern sich in einer verzerrten Selbsteinschätzung bezüglich des Körperausmaßes, im fehlenden Gespür für die

Körpergrenze und in Störungen des Körpererlebens bzw. der Körperwahrnehmung (TEEGEN, 1992).
In engem Zusammenhang damit steht die Angst vor dem Dickwerden, die FAIRBURN (1985) sowie PAUL und JACOBI (1989) als wichtigstes Merkmal der Bulimie betrachten. FICHTER (1993a) hält 96 Prozent der bulimischen Frauen für davon betroffen und stellt in einer Untersuchung fest, daß 80 Prozent der bulimischen Frauen nicht bereit sind, eine Gewichtszunahme von fünf Kilo im Laufe einer stationären Behandlung in Kauf zu nehmen (FICHTER, 1993b).

2.3.1 Komorbidität

Depression

Zusätzlich wird bei einem Viertel der stationär behandelten bulimischen Patientinnen die Diagnose Depression gestellt (BOSSERT-ZAUDIG ET AL., 1993). Nach BECKER (1994), RUSSELL (1989) und WEIS ET AL. (1994) ist umstritten, ob die Bulimie in diesen Fällen als Folgeerscheinung oder als Auslöser der Depression zu bewerten und behandeln ist. BECKER (1994) betrachtet Depressionen als Resultat der Bulimie. Unterstützt wird diese Annahme dadurch, daß depressive Symptome durch Serotonin- und Noradrenalinmangel infolge der Mangelernährung ausgelöst werden können (LAESSLE, 1989) und bei einer angemessenen Nahrungsaufnahme zurückgehen (GRÖNE, 1995b).

Anorexie

Übereinstimmend wird das häufige Vorkommen einer Anorexie in der Vorgeschichte angegeben. YAGER ET AL. (1993) geben einen durchschnittlichen Wert von 50 bis 75 Prozent an. MEERMANN und VANDEREYCKEN (1987) sprechen von höchstens 50 Prozent bulimischer Frauen mit entsprechender Anamnese.

Ergänzungen

In der Literatur sind außerdem vereinzelte Hinweise auf den Zusammenhang von Bulimie und Borderline-Störungen (DILTHEY, 1991; JOHNSON, 1985; RHODE-DACHSER, 1991; SCHULTE & BÖHME-BLOEM, 1990), Bulimie und Schizophrenie (BAUER ET AL, 1992) sowie auf zusätzliche Suchtmittelabhängigkeiten (KIESELBACH, 1985; LANGLOTZ-WEIS, 1985) zu finden. JACOBYs (1992) Hinweis auf extremen Zigarettenkonsum können WEISS ET AL. (1985) jedoch ebenso wie Alkoholmißbrauch nicht bestätigen. ZIOLKO und SCHRADER (1985) berichten außerdem von Suizidversuchen, Selbstbeschädigungen, Antriebslosigkeit und wie GERLINGHOFF und BACKMUND (1995) von Verwahrlosungstendenzen. Eine Zusammenstellung zur Komorbidität findet sich bei YAGER ET AL. (1993) und BOSSERT-ZAUDIG ET AL. (1993).

2.3.2 Psychodynamik

ZIOLKO und SCHRADER (1985) beklagen das Überwiegen von deskriptiven Aspekten gegenüber einem Mangel an der Betrachtung der psychodynamischen Seite des bulimischen Vorfalls in der Literatur. Sie geben an, daß die psychodynamische Funktion des bulimischen Vorfalls zumeist mit der Regulierung emotionaler Spannungen, der Abwehr von Depressivität, Unlust und Angst beschrieben wird. Persönlichkeitsprobleme und Angst hervorrufende innere Konflikte werden auf diese Weise beiseite gedrängt. Das Essen erfüllt die Funktion einer Ersatzbefriedigung (z.B. für Geborgenheit, Umsorgtsein) und schützt vor einem Überschwemmtwerden mit bedrohlichen Affektzuständen. Laut TRÜCK (1996) dient der Eßanfall vor allem der unbewußten Kompensation aktueller und frühkindlicher emotionaler Deprivationen.

Nach ZIOLKO und SCHRADER (1985) wird das Erbrechen in der Literatur zumeist als ein Akt des Ungeschehenmachens interpretiert. TRÜCK (1996) ist der Meinung, daß es nicht zur Gewichtskontrolle, sondern als Befreiungsaktion eingesetzt wird. Die bulimische Frau erbricht ihre unerwünschten regressiven Bedürfnisse, die im vorangegangenen Eßanfall ihren Ausdruck fanden.

POLIVY und HERMAN (1993) weisen darauf hin, daß die auslösenden Faktoren sich als Auswirkungen des Eßanfalls sofort danach wieder einstellen (siehe Tab.2). Das kurzzeitige Aufheben negativer Stimmungen wird durch noch stärkere negative Gefühle und Gedanken sowie körperliches Unwohlsein verdrängt.

2.4 Verbreitung

Prävalenz

Einigkeit besteht über einen Anstieg der Prävalenzrate in den vergangenen zwanzig Jahren (z.B. BAUER ET AL., 1992; FAIRBURN ET AL, 1993a; FICHTER, 1993a; MEERMANN & VANDEREYCKEN, 1987; SCHULTE & BÖHME-BLOEM, 1990; WARDETZKI, 1996). Die Wahrscheinlichkeit für Mädchen eine Bulimie zu entwickeln, ist somit derzeit höher als vor einem Jahrzehnt oder früher (FAIRBURN

ET AL, 1993a). Ob in Zukunft mit einem weiteren Ansteigen der Zahl bulimischer Frauen zu rechnen ist, wird zwar häufig vermutet (z.B. OLBRICHT, 1995; WARDETZKI, 1996), doch genaue Studien, die diese Annahme begründen, liegen nicht vor.

Zur Prävalenz sind unterschiedlichste Zahlen anzufinden, wofür KLINGENSPOR (1989) und FAIRBURN und BEGLIN (1990) differentialdiagnostische Probleme und die Geheimhaltung des Eßverhaltens verantwortlich machen. Problematisch erscheint ihnen in vielen Studien die Stichprobenauswahl, die häufig unter Studenten- bzw. Collegegruppen getroffen wird. WARDETZKI (1996) hält ungenügende finanzielle Mittel aufgrund des geringen gesellschaftlichen Stellenwertes von Eßstörungen und fehlender Lobby (z.B. Kostenträger, Pharmaindustrie) für die Hauptursache mangelnder Prävalenzstudien.

ZIOLKO und SCHRADER (1985) berichten von Spannbreiten in den Angaben zur Prävalenz in der Literatur zwischen 1,9 und 79 Prozent. WAADT und LAESSLE (1991) sprechen von 3,5 Prozent aller deutschen Frauen zwischen 15 und 35 Jahren. Der Ernährungsbericht 1992 stellt eine Auftretenshäufigkeit der Bulimie von 2,4 Prozent bei deutschen Frauen fest (Deutsche Gesellschaft für Ernährung, 1992, zit.nach WARDETZKI, 1996), und STAHR ET AL. (1995) sprechen von 3 bis 8 Prozent. FICHTER (1993a) benennt eine Prävalenzrate von 3 Prozent bei Mädchen und Frauen im Alter von 15 bis 35 Jahren in westlichen Industrieländern. FAIRBURN ET AL. (1993a) geben nach Durchsicht zahlreicher Studien eine Prävalenzrate von 0,5 bis 1 Prozent an, vermuten aber eine hohe Dunkelziffer. Eine vertiefende, kritische Betrachtung der Studien zur Prävalenz findet sich bei FAIRBURN und BEGLIN (1990).

FAIRBURN und BEGLIN (1990) sowie SCHULTE und BÖHME-BLOEM (1990) stehen weiteren Studien zur Prävalenz abneigend gegenüber und halten es für an der Zeit, sich im Hinblick auf ein besseres Verständnis der Bulimie verstärkt der Ätiologie zuzuwenden. WARDETZKI (1996) hält dagegen weitere Prävalenzstudien für notwendig, um das Ausmaß des Bedarfs bulimischer Frauen an Unterstützungsangeboten zu verdeutlichen.

Alter

Im allgemeinen wird in der Literatur das "bulimietypische" Alter um das 18. bis 20. Lebensjahr angesiedelt. FICHTER (1993a) gibt das Alter bei Beginn der Bulimie mit einer breiten Streuung zwischen 14 und 21 Jahren, BRAKHOFF (1985) zwischen 16 und 20 Jahren und RUSSELL (1989) zwischen 18 und 28 Jahren an. ZIOLKO und SCHRADER (1985) stellten durchschnittliche Altersangaben von 18 bei Manifestation und 23 Jahren bei Behandlungsbeginn fest.

Der Gesamtverband für Suchtkrankenhilfe (1994) stellt in der Literatur eine Ausnahme dar, indem er für 90 Prozent der bulimischen Frauen eine breite Altersspanne von Pubertätsbeginn bis zum 45. Lebensjahr benennt. SCHULTE und BÖHME-BLOEM (1990) weisen darauf hin, daß das Alter bei Beginn immer niedriger wird. Auch BROCKFELD und THIES (1995) berichten von immer jüngeren Frauen, die in einem Mädchen- und Frauentreff um Hilfe bitten.

Schicht- und Bildungsgrad

Betont wird in der Literatur zumeist ein hoher Bildungsgrad bulimischer Frauen. Knapp die Hälfte der bulimischen Frauen haben nach FICHTER (1993a) das Gymnasium oder eine höhere Fachschule besucht. HÄNSEL (1985) spricht von 50 Prozent und HABERMAS (1990) hinsichtlich einer Patientinnengruppe von über 74 Prozent mit Abitur.

Bezüglich der Schichtzugehörigkeit finden sich unterschiedliche Angaben. Während LANGLOTZ-WEIS (1985) von einer Häufung der mittleren und höheren sozialen Schicht berichtet, kommen DOLAN ET AL. (1989) zu anderen Ergebnissen. Sie stellen in ihrer Studie keine Unterschiede hinsichtlich der sozialen Schicht zwischen den Familien bulimischer und nicht bulimischer Frauen fest. HABERMAS (1990) bemerkt, daß die soziale Verbreitung der Bulimie deshalb unklar bleibt, weil Selektionsfaktoren bei der Stichprobenauswahl entsprechender Studien zu Verzerrungen der Ergebnisse führen (z.B. Umfragen unter Studentinnen).

Kultur

FOCKS (1994) hält die Bulimie ausschließlich für eine Erscheinung unter weißen Frauen des westlichen Kulturkreises, vor allem Nordamerika, England und Westdeutschland. Sie bemerkt aber zugleich den Mangel an Untersuchungen zur Epidemiologie in nicht westlichen Industrienationen. HABERMAS (1990) beschreibt die Bulimie als häufiges Symptom sozialer Aufsteigerinnen und Migrantinnen, die im westlichen Kulturkreis aufgewachsen sind.

FOCKS' (1994) Interpretation dieser Ausführungen erklärt ungelöste kulturell-gesellschaftliche Widersprüche und Diskrepanzen zwischen traditionellen und modernen Normen zu einem wichtigen ätiologischen Faktor. NASSER (1988) weist darauf hin, daß die extreme negative Bewertung des Dickseins nur in westlichen Kulturen zu finden ist. Den Zusammenhang von Kultur und Eßstörungen zeigt sie daran auf, daß mit der Übernahme dieser westlichen kulturellen Normen auch in anderen Kulturkreisen die Zahl ähnlicher Erscheinungsbilder wie Bulimie ansteigt.

2.5 Ätiologie

Relative Übereinstimmung herrscht in der Literatur über ein Zusammenspiel mehrerer Ursachen auf biologischer, psychologischer (familiär/individuell) und soziokultureller Ebene in unterschiedlicher Gewichtung (z.B. FICHTER, 1991; GERLINGHOFF & BACKMUND, 1995; MEERMANN & VANDEREYCKEN, 1987; WEISS ET AL., 1994). In Abbildung 2 ist zur Übersicht das ätiologische Modell zur Bulimie nach FICHTER (1991) wiedergegeben.

2.5.1 Biologische Faktoren

Biologische Erklärungsmuster der Bulimie sind umstritten und werden häufig mit dem Hinweis auf die psychische Bedeutung der Symptomatik abgelehnt, und/oder es wird vor ihrer Überbewertung gewarnt (z.B. FOCKS, 1994; HABERMAS, 1990; SCHULTE BÖHME-BLOEM, 1990; TRÜCK, 1996). In vielen Veröffentlichungen werden biologische Faktoren nicht erwähnt (z.B. Gesamtverband für Suchtkrankenhilfe, 1994; GRÖNE, 1995a,b; KRÄMER, 1988; LAWRENCE, 1989). STAHR ET AL. (1995) vermuten in Zukunft ein Anwachsen biologischer Erklärungen im Zuge der Weiterentwicklung technischer Untersuchungsinstrumente. Ausführliche Darstellungen über biologische Determinanten finden sich bei BOLO (1993), FICHTER (1989) und PIRKE ET AL. (1988).

Genetische Faktoren

Eine genetisch bedingte Vulnerabilität wird aufgrund erhöhter Vorkommen von affektiven Störungen, Substanzenmißbrauch und Übergewicht in den Familien bulimischer Frauen von FICHTER (1991; siehe Abb.2) angenommen. TREASURE und HOLLAND (1995) können jedoch in ihrer Zwillingsstudie keine Hinweise auf eine genetische Disposition bei Bulimie feststellen.

Nutritionshypothese

Die Nutritionshypothese wird vor allem von der verhaltenstheoretisch orientierten Literatur für einen bedeutsamen biologischen Faktor zur Erklärung, Entstehung und Aufrechterhaltung der Bulimie gehalten.

Theoretische Grundlagen ... - Ätiologie

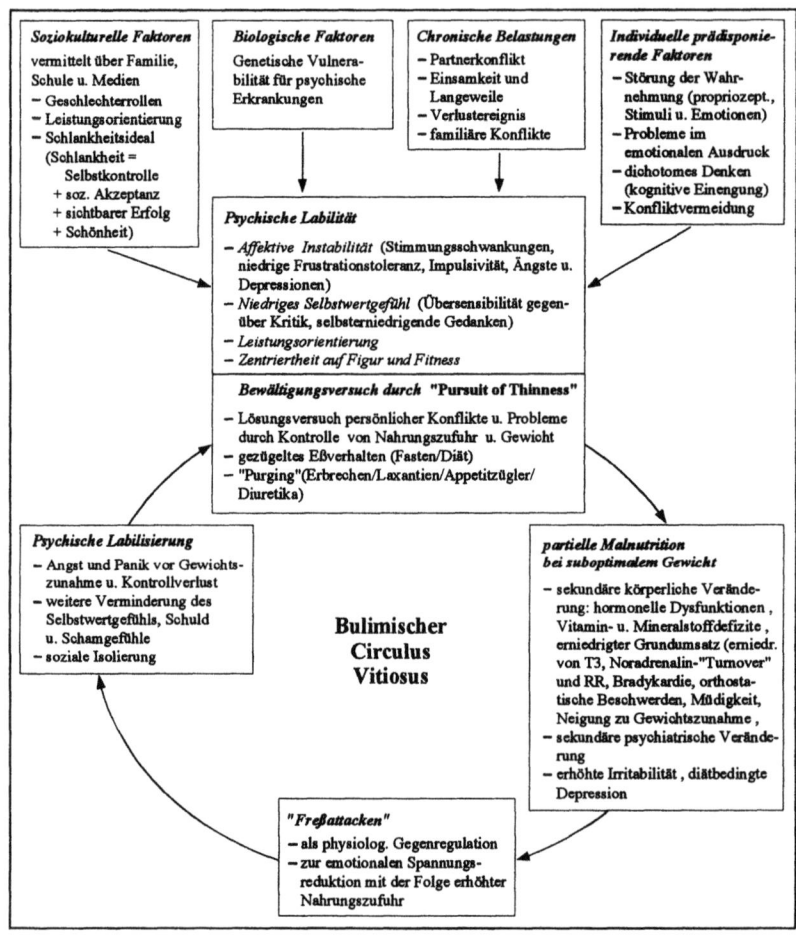

Abbildung 2   Erklärungsmodell zur Bulimie (nach FICHTER, 1991)

Die durch die bulimische Mangelernährung hervorgerufenen Hormon- und Neurotransmitterstörungen bewirken eine rasche Gewichtszunahme bei bedarfsgerechter Ernährung, erhöhen dadurch die Angst vor dem Dickwerden und die Wahrscheinlichkeit für erneutes Diäthalten. Einen weiteren Beitrag zur Entstehung und Aufrechterhaltung leisten sie durch ihre Auswirkungen auf die Stimmungslage (erhöhte Depressivität) und auf das Hungerzentrum (Heißhungergefühle). Außerdem werden in den Phasen des strengen Diäthaltens Sättigungsgefühle verlernt, so daß sie während eines Eßanfalls nicht mehr greifen (BOLO, 1993; FICHTER & PIRKE, 1995; FICHTER ET AL., 1988; GROSSMANN, 1989; HERMAN & POLIVY, 1988; JIMERSON ET AL., 1988; MORLEY, 1989; O'ROURKE ET AL., 1988; PIRKE, 1989; POLIVY & HERMAN, 1985; SCHWEIGER ET AL., 1988; siehe Tab.3). In Abbildung 3 ist dieser von LAESSLE und PIRKE (1989) dargestellte Teufelskreis wiedergegeben.

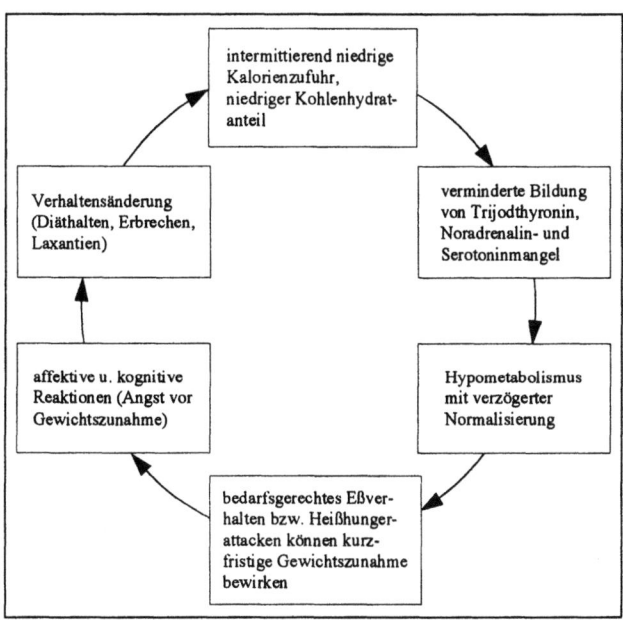

Abbildung 3   Modell zur biologischen Adaptation an Mangelernährung bei der Aufrechterhaltung bulimischen Eßverhaltens (nach LAESSLE & PIRKE, 1989)

Mehrere Autoren sehen im chronischen Diäthalten mit seinen physischen Begleiterscheinungen die Hauptursache für die Entwicklung einer Bulimie (z.B. FAIRBURN, 1985; HALMI, 1988; LAESSLE & PIRKE, 1989; POLIVY & HERMAN, 1993; ROSEN & LEITENBERG, 1985). Auch SCHWEDLER ET AL. (1996) stellen in einer Studie fest, daß Eßanfälle die fast zwangsläufige Folge langfristigen Diäthaltens sind. Häufiger werden Diätversuche in der Literatur jedoch als Auslöser der Bulimie betrachtet (z.B. BAUER ET AL., 1992; ZIOLKO & SCHRADER, 1985).

Neuropsychobiologische Faktoren

ZIOLKO und SCHRADER (1985) berichten von vereinzelten auffälligen EEG-Befunden, die auf eine mögliche der Bulimie zugrundeliegende hypothalamische Dysfunktion schließen lassen. Vertiefende Ausführungen zum möglichen Zusammenhang von Hypothalamusstörungen und Bulimie finden sich bei GROSSMANN (1989) und RAU und GREEN (1984).

Einige Autorinnen und Autoren versprechen sich von zukünftigen Forschungen zu Störungen der Regulation von Hunger und Sättigung auf neuropsychobiologischer Basis wichtige Erkenntnisse bezüglich der Ursache mangelnder Regulationsmechanismen bulimischer Frauen bei der Nahrungsaufnahme (BLUNDELL & HILL, 1993; BLUNDELL ET AL., 1989; HALMI, 1988; LAESSLE & PIRKE, 1989).

Set-Point Theorie

In jüngster Zeit gewinnt die sogenannte Set-point-Theorie an Bedeutung. BAUER ET AL. (1992), GNIECH (1995) und PFANNENSCHWARZ (1996) beschreiben den Setpoint als ein biologisch determiniertes Normalgewicht. Die Anzahl der Fettdepots im Körper gilt als festgelegt. Die aufzunehmende Nahrungsmenge wird vom zentralen Nervensystem, dem Hypothalamus, daran angepaßt. Dieses Set-point-Gewicht ist individuell verschieden und liegt oft weit über den kulturellen und medizinischen Normen. So kann eine im medizinischen Sinne normalgewichtige Person dennoch untergewichtig sein und Energiedefizitsymptome zeigen.

BAUER ET AL. (1992) sehen im bulimischen Verhalten einen Krieg gegen dieses biologische System, der nie gewonnen werden kann. Sie merken an, daß Heißhunger durch ein unterhalb des Set-points liegendes Körpergewicht ausgelöst werden kann.

Kritische Anmerkungen

Biologische Erklärungen der Bulimie stoßen häufig auf Kritik. Beispielsweise hält HABERMAS (1990) den in der Nutritionshypothese vermuteten Zusammenhang von Diäthalten und Heißhungerattacken weder für eine ausreichende noch notwendige Voraussetzung für die Entwicklung einer bulimischen Symptomatik. Er begründet

Theoretische Grundlagen ... - Ätiologie

seine Kritik mit der Feststellung, daß nicht alle diäthaltenden Personen Eßanfälle haben, wie zum Beispiel kontrolliert essende Frauen über 30 Jahre. Außerdem berichtet HABERMAS (1990) von bulimischen Frauen, die bereits Eßanfälle erlebten bevor sie mit einer Gewichtskontrolle begannen.

GERLINGHOFF und BACKMUND (1995) sowie MEERMANN und VANDEREYCKEN (1987) weisen darauf hin, daß keine eindeutigen und ausreichend überprüften physiologischen Merkmale existieren, die Eßstörungen verursachen. Beide warnen vor der Gefahr, hier Ursache und Wirkung zu verwechseln. POLIVY und HERMAN (1993) sowie ZIOLKO und SCHRADER (1985) beklagen an diesen Modellen grundsätzlich die Nichtbeachtung der psychodynamischen Seite eines bulimischen Vorfalls.

2.5.2 Familiäre und individuelle Faktoren

Der Gesamtverband für Suchtkrankenhilfe (1994) erklärt in seiner Informationsbroschüre über Eßstörungen die psychische Entwicklung innerhalb der Ursprungsfamilie zum entscheidenden ursächlichen Faktor. Als Grundkonflikt wird die Suche der bulimischen Frau nach eigener Identität und die dazu gehörigen Kämpfe zwischen Abhängigkeit und Selbstbestimmung angegeben.

GRÖNE (1995b), VANDEREYCKEN ET AL. (1989b) und WARDETZKI (1996) betonen ebenfalls die besondere Rolle der Familie für das Verständnis der Bulimie. Sie warnen aber davor, sie linear-kausal nur als Ursache zu betrachten. Statt dessen sprechen VANDEREYCKEN ET AL. (1989b) von einer Architekten- und Opferrolle der Familie, da bestimmte ihrer Verhaltensweisen eine Bulimie sowohl bedingen als auch durch sie erst hervorgerufen werden.

WARDETZKI (1996) interpretiert die Bulimie nicht als individuelles Symptom, sondern als Ausdruck dysfunktionaler Familienbeziehungen, für die die bulimische Tochter zur Symptomträgerin wird.

In der Literatur finden sich zahlreiche Beschreibungen der Familien (z.B. KRÄMER, 1988; VANDEREYCKEN ET AL., 1989a; WARDETZKI, 1996). Ihnen gemeinsam ist vor allem die Betonung der starren und rigiden Normen, die in der Familie herrschen, und das Bemühen der bulimischen Tochter, diesen Ansprüchen gerechtzuwerden. In Tabelle 5 sind die von SCHWARTZ ET AL. (1985) empirisch herausgearbeiteten Familienmerkmale dargestellt und durch weitere Literaturangaben ergänzt.

Theoretische Grundlagen ... - Ätiologie

Tabelle 5 Typische Charakteristika der Familien bulimischer Frauen

SCHWARTZ ET AL. (1985): kontrollierend, überbeschützend, rigide, leistungsorientiert, starke Orientierung an gesellschaftlichen und/oder familiären Normen, auf äußeren Schein bedacht, Vorliebe für Dreiecksbeziehungen (Tochter wird z.B. in Eheprobleme einbezogen), freundlicher Umgangston verbirgt extreme Konkurrenz inner- und außerhalb der Familie, Mangel an unterstützenden Außenkontakten, soziale Isolation
ERGÄNZUNGEN: KIESELBACH (1985): geschlossenes System, Veränderungen gelten als Bedrohung, verdeckte Familienregeln, die nicht erläutert werden
SCHMIDT (1989): Härte, Disziplin, Entweder-oder-Weltbild, Verbot von Schwäche und Regression, Autonomieverbot, offenes Austragen häufig vorhandener ungelöster Konflikte mittels Beschuldigungen und Abwertungen statt Lösungssuche, extreme wechselseitige Abhängigkeitsbeziehungen, Kritik = Ablehnung
WALLER & CALAM (1994): hohes Maß an gegenseitigem Kritisieren, wenig emotionale Wärme
FOCKS (1994): starke Orientierung an Geschlechtsrollenstereotypen

Mutter

Besondere Beachtung erhält innerhalb der Theorien zur Familie die Mutter. Im Mittelpunkt dieser Ausführungen steht ihr mißachtendes Verhalten gegenüber den frühkindlichen Bedürfnissen ihrer Tochter und die Fortsetzung dieser mangelhaften emotionalen Versorgung während der gesamten Kindheit der später bulimischen Frau. Diese frühen und andauernden Deprivationserfahrungen werden als Erklärung für die heutige emotionale Bedürftigkeit ihrer Tochter herangezogen (KRÄMER, 1989; TRÜCK, 1996).

FOCKS (1994) weist in diesem Zusammenhang außerdem auf die Zuständigkeit der Mutter für den versorgenden, innerfamiliären Bereich hin. Auseinandersetzungen zwischen ihr und der Tochter konzentrieren sich folglich zwangsläufig auf die Schauplätze Ernährung und Sauberkeit.

SCHWARTZ ET AL. (1985) beschreiben die Mutter als eine Person, die auf die Bestätigung durch Attraktivität und Erfolg ihrer Tochter angewiesen ist. Die

Tochter entwickelt ihr gegenüber ambivalente Gefühle, denn sie spürt deutlich die negativen Aspekte des Frauseins und kann sich daher nur teilweise mit der Mutter identifizieren (vgl. SCHNEIDER-HENN, 1988; WARDETZKI, 1996).

Vater

Überall herausgestellt wird eine emotionale und physische Abwesenheit des Vaters (z.B. FOCKS, 1994; SCHULTE & BÖHME-BLOEM, 1990). GIBS (1993) stellt außerdem bei mehr als der Hälfte bulimischer Frauen Scheidungsfamilien fest, so daß sie häufig in gänzlich vaterlosen Familien aufwuchsen. Die Verantwortlichkeit des Vaters für die eßstörungsfördernde Familiendynamik wird allerdings nur selten mit der der Mutter gleichgestellt.

TRÜCK (1996) beschreibt neben der fehlenden Präsenz auch einen Mangel an emotionaler Transparenz des Vaters. Seine "Rarität in der Familie" (TRÜCK, 1996, S.97) läßt ihn für das Mädchen zur Projektionsfläche aller Eigenschaften werden, die die Mutter nicht aufweist (z.b. Macht, Stärke, Selbstbewußtsein). Es kommt dadurch zu einer Aufwertung und Mystifizierung von Männern im allgemeinen und zu einer Abwertung der eigenen Weiblichkeit. Auch WARDETZKI (1996) stellt bei bulimischen Frauen eine Idealisierung des Vaters fest, die nach FOCKS (1994) und TRÜCK (1996) ihre Abhängigkeit von männlicher Anerkennung fördert. GIBS (1993) spricht aufgrund dessen von einer gestörten Vaterbeziehung bei fast allen bulimischen Frauen. Sie hält den Vater für eine Schlüsselfigur bei der Entstehung dieser Eßstörung.

Für LIOTTI (1989) stellt sich dagegen die Beziehung zum Vater glücklicher dar als die zur Mutter. SCHWARTZ ET AL. (1985) lokalisieren die Ursache dafür in einer erhöhten Aufmerksamkeit des Vaters gegenüber dem Aussehen seiner Tochter. Ähnlich spricht auch SCHMIDT (1989) von Vaters "Startochter", die ihm als perfekte Frau Anerkennung bringen soll.

Familiäres Eßverhalten

Inwieweit innerfamiliäres Eßverhalten ursächlich an der Entwicklung einer Bulimie beteiligt ist, wird in der Literatur nicht eindeutig beantwortet. JOHNSON (1985) stellt fest, daß häufig bereits die Eltern ein belastetes Verhältnis zum Essen und Gewicht haben. HABERMAS (1990) spricht von zu Übergewicht tendierenden Müttern bulimischer Frauen. FRANZEN (1994) belegt in einer Studie, daß gezügeltes Eßverhalten der Mutter eine restriktive Nahrungsaufnahme und höhere Angst vor Gewichtszunahme bei der Tochter bewirken kann.

Sexuelle Traumatisierung

Der Zusammenhang von sexueller Traumatisierung und Eßstörungen gewinnt seit einem Jahrzehnt verstärkt in der Literatur an Bedeutung. Nach WALLER ET AL. (1994) muß daher von einem engen Zusammenhang ausgegangen werden. Sie weisen jedoch darauf hin, daß viele Fragen in zukünftigen Studien noch zu klären sind.

WARDETZKI (1991) hält aufgrund ihrer Erfahrungen als Therapeutin bei Eßstörungen Abmagern, Übergewicht oder Erbrechen für mögliche Schutzreaktionen auf einen frühen sexuellen Mißbrauch. Sie dienen dem Ziel, sich unattraktiv und asexuell zu machen, um sich vor erneuten Gewalterfahrungen zu schützen. DÖRR-WILMES (1991) zeigt ebenfalls auf, daß Bulimie eine adäquate Copingstrategie in Folge eines sexuellen Mißbrauchs darstellen kann. Auch sie beklagt, daß dieser Bereich in Studien, diagnostischen Fragebogen und Therapie noch stark vernachlässigt wird. LOISELLE (1993) stellt fest, daß sexuelle Konflikte seit langem in der Pathogenese von Eßstörungen berücksichtigt werden, während tatsächliche sexuelle Traumata oder Inzesterfahrungen wenig Beachtung finden.

Während GIBS (1993) bei 15 Prozent bulimischer Frauen und WARDETZKI (1996) bei 70 Prozent bulimischer Patientinnen einer psychosomatischen Klinik eine sexuelle Traumatisierung in der Vorgeschichte konstatieren, haben YAGER ET AL. (1993) in der Literatur unterschiedliche Angaben gefunden, die sie einen Durchschnittswert von 20 bis 50 Prozent errechnen lassen.

2.5.3 Soziokulturelle Faktoren

In der Literatur lassen sich nur kaum Veröffentlichungen finden, die sich umfassend mit soziokulturellen Erklärungen der Bulimie befassen. Eine Ausnahme bilden vor allem die Ausführungen von HABERMAS (1990), FOCKS (1994) und TRÜCK (1996).

Viele ältere Veröffentlichungen zur Bulimie richten ihr Augenmerk ausschließlich auf individuelle psychische Bedingungen und berücksichtigen soziokulturelle Faktoren gar nicht. Doch auch in der jüngeren Literatur werden sie häufig noch stark vernachlässigt (z.B. FAIRBURN & WILSON, 1993; FEIEREIS, 1989, FICHTER, 1989) oder nehmen einen untergeordneten, ergänzenden Stellenwert ein (z.B. ALEXANDER-MOTT & LUMSDEN, 1994; GARNER & GARFINKEL, 1985; GIANNINI & SLABY, 1993; SZMUKLER ET AL., 1995; WILSON ET AL., 1992).

Zumeist werden in diesem Zusammenhang Schönheitsideale, Schlankheits- und Fitneßkult erwähnt und von einer gesellschaftlichen Stigmatisierung des Dickseins gesprochen (z.B. GARNER ET AL., 1985; JACOBY, 1992; MEERMANN & VANDEREYCKEN, 1987; NASSER, 1988; PFANNENSCHWARZ, 1996; TARR-KRÜGER, 1990). Das Modell zur Bulimie von Fichter (1991; siehe Abb.2) stellt bereits mit seiner etwas weitergefaßten Berücksichtigung soziokultureller Faktoren eine Ausnahme in der medizinisch-psychologischen Literatur dar. In systemisch orientierten Theorien zur Bulimie steht zwar ihr Verständnis innerhalb des sozialen Umfeldes im Mittelpunkt, doch nur selten schließt dies die gesellschaftliche Dimension mit ein (z.B. GRÖNE, 1995a,b).

Eine Ausnahme bilden feministisch orientierte Veröffentlichungen, die ausführlich den Zusammenhang von gesellschaftlichen Bedingungen, insbesondere von weiblichen Rollenerwartungen, und Bulimie thematisieren (siehe 2.5.4).

2.5.4 Vier Theorien zur Ätiologie

Im folgenden werden vier "klassische" Erklärungsmodelle zur Entstehung der Bulimie vorgestellt, die am häufigsten innerhalb der entsprechenden Literatur vertreten und zitiert werden.

Verhaltenstheoretisch

Es lassen sich verschiedene verhaltenstheoretische Erklärungsmodelle zur Bulimie in der Literatur finden, die wiederum unterschiedliche Behandlungsansätze entwickelt haben (siehe 2.6.1). Ihnen gemeinsam ist die Auffassung, daß es sich bei der Bulimie um ein gelerntes Verhalten handelt, welches nach WHITE und BOSKIND-WHITE (1984) Gefühle mit Nahrungsaufnahme beantwortet.
ROSEN und LEITENBERG (1985) unterscheiden drei verhaltenstheoretische Modelle zur Ätiologie der Bulimie. Strenge Diät, hervorgerufen durch Unkenntnis, wie ein normales Gewicht beibehalten werden kann, wird im *Modell der Eßverhaltenskontrolle* (JOHNSON, 1985) als Ursache für Eßanfälle gesehen. Ihr folgt strenges Fasten oder Erbrechen, was erneute Eßanfälle hervorruft. Das *interpersonelle Stressmodell* (LACEY, 1985) hält das bulimische Verhalten für eine Reaktion zur Streßreduzierung auf belastende Situationen. Es füllt eine Lücke in den interpersonellen Fähigkeiten, denn adäquatere Strategien zum Umgang mit Problemen wurden nicht gelernt und stehen nicht zur Verfügung. Das *Angstreduktions-Modell* (ROSEN & LEITENBERG, 1988) hält das bulimische Verhalten für eine Reaktion auf angstauslösende Reize. Es stellt das Erbrechen als Reaktion auf die Angst vor Gewichtszunahme und als Auslöser für das Überessen in den Vordergrund.

NUTZINGER und DEZWAAN (1989) fügen ein viertes verhaltenstherapeutisches Erklärungsmodell hinzu. Im *kognitiv-verhaltenstherapeutischen Ansatz* werden verzerrte Einstellungen gegenüber Aussehen und Gewicht als Hauptursache der Diätversuche, des Erbrechens bzw. Abführens und der ständigen gedanklichen Beschäftigung mit Nahrungsmitteln und Essen angegeben. Der Eßanfall gilt hier als psychobiologische Reaktion auf diese Mangelernährung. FAIRBURN (1985) hält als Vertreter der kognitiven Verhaltenstherapie daher die Angst vor der Gewichtszunahme für eine entscheidende Ursache und einen aufrechterhaltenden Faktor der Bulimie.

Psychoanalytisch

In psychoanalytisch orientierten ätiologischen Modellen wird Bulimie als Persönlichkeitsstörung verstanden, bei der frühkindliche Störungen des Entwicklungsprozesses zur Ausprägung des Symptoms führen (z.B. ETTL, 1988; SCHULTE & BÖHME-BLOEM, 1990; SENF, 1989; WILSON ET AL., 1992).

JACOBY (1992) rechnet die Bulimie zu den strukturellen Ich-Störungen, da sich in der Bulimie ein Minderwertigkeitsgefühl und eine schwache Ich-Identität ausdrücke, was die starke Orientierung an fremden Normen und die große Abhängigkeit von äußerer Bestätigung erkläre. SCHULTE und BÖHME-BLOEM (1990) unterscheiden eine Bulimie auf neurotischem Niveau mit einem unterversorgten Selbst von einer Bulimie auf narzißtischem Niveau mit extremer Deprivation bis zum Selbstdefekt.

Als Erklärungsmodelle verweist JACOBY (1992) auf das *objektbeziehungstheoretische Modell* und das *Trieb-Abwehr-Konflikt-Modell*. Das objektbeziehungstheoretische Modell spricht von einer unbewußten psychischen Pathologie der Mutterperson, die die Entwicklung ausreichender Autonomie bei der Tochter verhinderte. So konnte sie keine Differenzierung zwischen Mutter-Ich und Kind-Ich herstellen und folglich keine ausreichende Ich-Identität bilden. Dieser frühkindliche Konflikt von feindseliger Abhängigkeit und Wunsch nach Autonomie wird nun von der Tochter über die Eßstörung ausagiert. Bulimie steht hier als Symbol eines unbewußten Mutterhasses und für ein Pendeln zwischen Symbiose und Separation, was sich in der Spaltung zwischen äußerem und innerem Erscheinungsbild widerspiegelt (ETTL, 1988; HIRSCH, 1989; JACOBY, 1992; SENF, 1989; SCHULTE & BÖHME-BLOEM, 1990).

Das Trieb-Abwehr-Konflikt-Modell interpretiert das Überessen als Versuch, innere Leere zu stopfen (ETTL, 1988) und das Erbrechen als Abwehr einer vermeintlichen oralen Schwängerung durch den Vater. Außerdem dient das bulimische Verhalten einer symbolischen Darstellung eines sexuellen Konflikts in einer lebensgeschichtlichen Phase, die sich durch die Erlangung der Geschlechtsidentität auszeichnet. Dahinter verbirgt sich eine Ablehnung der Rolle als erwachsene, sexuell aktive Frau (JACOBY, 1992; SCHULTE & BÖHME-BLOEM, 1990).

Desweiteren wird nach JACOBY (1992) Bulimie als Regression zur Befriedigung oraler Verwöhnungswünsche, als Ausdruck von Selbsthaß oder als Impulshandlung interpretiert.

Feministisch

Die "Bulimie-Pionierin" BOSKIND-LODAHL (1976) prägte die viel zitierte Theorie über Bulimie als Ausdruck einer Überanpassung an die gesellschaftlich vorgegebene weibliche Rolle. Einige feministisch orientierte Autorinnen haben diese Theorie inzwischen widerlegt, modifiziert oder erweitert. FOCKS und TRÜCK (1987) beschreiben die Bulimie als Gratwanderung zwischen Anpassung und Verweigerung der traditionellen weiblichen Rolle. KREBS (1991) sieht sie als körpersprachlichen Protest gegen die gesellschaftliche Enteignung und Manipulation der Frau. Sie macht das Fehlen einer weiblichen Identität für ihre Entstehung verantwortlich. Andere Autorinnen sehen im bulimischen Eßverhalten einen Ausdruck unterdrückter weiblicher Sexualität, Aggression und Wut (BRÖKLING, 1991; EPSTEIN, 1989; FURSLAND 1989). Große Resonanz erfährt die psychoanalytisch geprägte Theorie einer frühkindlichen Deprivation durch ein gestörtes Mutter-Kind-Verhältnis als eine Ursache der Eßstörung (z.B. BRÖKLING, 1991; KREBS, 1985; ORBACH, 1985, 1991).

Ihren bedeutenden Stellenwert innerhalb der Forschung erlangt die feministisch orientierte Literatur vor allem durch ihre Hervorhebung und Beschreibung gesellschaftlicher, insbesondere patriarchaler Bedingungen der Bulimie (z.B. Frauen lernen leben e.V., 1991; LAWRENCE, 1989; SCHWARZER, 1986; STRIEGEL-MOORE, 1993; TRÜCK, 1996).

Systemisch

Die systemische Sichtweise erlebt seit einem Jahrzehnt einen Bedeutungszuwachs innerhalb Theorie und Therapie von Eßstörungen. In der systemischen Theorie werden linear-kausale Erklärungsmodelle, wie das Suchen der Ursachen der Bulimie in einer frühkindlichen Entwicklungsstörung, abgelehnt. Statt dessen wird davon ausgegangen, daß in menschlichen Beziehungen eine Zirkularität vorherrscht, in der Wirkungen wieder zu Ursachen werden und umgekehrt. Die Betrachtung der Bulimie in ihrem Kontext von Familie und sozialem Umfeld kommt dabei große Bedeutung zu. Sie wird nie losgelöst von den Wechselwirkungen innerhalb dieser Beziehungen verstanden (GRÖNE, 1995b; SCHMIDT, 1989). Bestehende starre Normen und unklare Kommunikation innerhalb der Familie bilden ein rigides und in sich widersprüchliches System (KRÄMER, 1988), indem der bulimische Vorfall mehrere Funktionen erfüllen kann. An erster Stelle ermöglicht er der Tochter hemmungslose Bedürfnisbefriedigung bei Aufrechterhaltung der perfekten Außenfassade und Abschwächung des Konfliktdrucks, ohne durch eine Konfliktlösung Systemveränderungen vornehmen zu müssen (SCHMIDT, 1989). Diese bulimische Reaktion wird nicht als Defizit eines Individuums interpretiert, sondern als Beziehungsphänomen und als Ressource, die im Kontext der Systeme Familie und soziale Umwelt eine sinnvolle, beziehungsregulierende Anpassungsleistung darstellt (GRÖNE, 1995b; SCHMIDT, 1989).

2.6 Behandlung

In der Literatur wird häufig ein später Behandlungsbeginn angemerkt. GRÖNE (1995b) stellt fest, daß ein Zeitraum von drei bis fünf Jahren vergeht, bevor eine bulimische Frau sich Hilfe sucht. ZIOLKO und SCHRADER (1985) finden in der Literatur Angaben von mindestens fünf Jahren. FAIRBURN ET AL. (1993a) bemerken, daß nur 2,5 Prozent aller bulimischen Frauen an einer Form von Behandlung teilnehmen.

Hinsichtlich der Behandlung unterscheiden CROW und MITCHELL (1994) die psychotherapeutische und die medikamentöse Behandlung, die beide stationär und ambulant erfolgen können. Da auf eine medikamentöse Behandlung in diesem Buch nicht näher eingegangen werden soll, sei auf eine Zusammenstellung entsprechender Studien bei BOLO (1993), CROW und MITCHELL (1994), GARFINKEL und GARNER (1987), HERPERTZ-DAHLMANN (1993) sowie HUDSON und POPE (1989) verwiesen.

Während bis Mitte der achtziger Jahre Patientinnen mit Eßstörungen stationär zumeist auf allgemeinen Sucht- und psychosomatischen Stationen behandelt wurden, gibt es heute auf Eßstörungen spezialisierte Kliniken (FICHTER, 1993b; JACOBY, 1992) oder Stationen (FEIEREIS, 1989; GERLINGHOFF & BACKMUND, 1995; OLBRICHT, 1996) mit unterschiedlicher therapeutischer Konzeption. Eine Auflistung entsprechender Einrichtungen findet sich bei WARDETZKI (1996). Die Schwere der Eßstörung, der körperliche Zustand, bestehende Suizidgefahr, zusätzliche Abhängigkeiten oder psychiatrische Symptome können eine stationäre Behandlung erforderlich machen (BECKERMANN, 1991; FEIEREIS, 1989; JACOBY, 1992, MEERMANN & VANDEREYCKEN, 1987). Als besonders sinnvoll wird eine an die stationäre Behandlung anschließende ambulante Psychotherapie erachtet (BECKER, 1994; GERLINGHOFF & BACKMUND, 1995).

Ein für Deutschland neues Therapiekonzept namens "pathways" findet seine praktische Anwendung seit Ende 1994 in München. Es handelt sich dabei um therapeutische Wohngemeinschaften, in denen Frauen mit Eßstörungen umfassend betreut und auf ein eigenständiges Leben vorbereitet werden (Psychologie Heute, 1997).

2.6.1 Psychotherapie

Auf dem Gebiet der Psychotherapie ist viel in Bewegung, und seit dem "Comingout" der Bulimie vor fünfzehn Jahren lassen die zunehmenden praktischen Erfahrungen mit bulimischen Frauen immer wieder Modifizierungen bestehender Behandlungskonzepte nötig werden. So berichtet JACOBY (zit. nach Westfalen-Blatt, 1995), daß innerhalb des zehnjährigen Bestehens einer Spezialklinik für Eßstörungen sich das therapeutische Konzept grundlegend verändert hat. Ein tiefenpsychologisches Behandlungsmodell erwies sich hier effektiver als die zu Beginn praktizierte Verhaltenstherapie.

In der Literatur ist eine wachsende Tendenz zu bemerken, unterschiedliche therapeutische Verfahren miteinander zu kombinieren und integrative Konzepte zu bevorzugen (z.B. KALUCY ET AL., 1985; SCHWEDLER ET AL., 1996; TARR-KRÜGER, 1990). LACEY (1985) stellt bezüglich der Verhaltenstherapie fest, daß eklektische Behandlungen deutlich effektiver sind. So werden in der Verhaltenstherapie, aber ebenso in der Psychoanalyse kreative Medien und körpertherapeutische Elemente eingesetzt (z.B. FEIEREIS, 1989; GERLINGHOFF & BACKMUND, 1995; SENF, 1989). Vor allem wird in verschiedenen therapeutischen Modellen ein Einbezug der Körperschemastörung vorgenommen (z.B. BRÖKLING, 1991; JACOBI & PAUL, 1989; PAUL & JACOBI, 1989; VANDEREYCKEN ET AL., 1988). STAHR ET AL. (1995) sprechen jedoch immer noch von isoliert nebeneinander stehenden Verfahren und von zu wenig ganzheitlichen Modellen.

Die Literatur zum Bereich Verhaltenstherapie überwiegt. NUTZINGER und DEZWAAN (1989) sehen sie als Rückgrat vieler psychotherapeutischer Behandlungen bei Bulimie. Ihr folgen Familientherapie, psychoanalytische Konzepte und zahlreiche andere Interventionsansätze. Die Auswahl der folgenden

Therapieformen erfolgte aufgrund ihrer Relevanz und Beachtung innerhalb Forschung und Praxis zur Bulimie.

Verhaltenstherapie

Es finden sich in der Literatur mehrere Formen der Verhaltenstherapie, was ein Resultat der verschiedenen verhaltenstheoretischen Erklärungsmodelle und ein möglicher Hinweis auf eine Tendenz zu multimodalen Konzepten ist. GERLINGHOFF und BACKMUND (1995) weisen darauf hin, daß im Bereich Eßstörungen das einstige "Schreckgespenst" Verhaltenstherapie nicht mehr existiert. Die unterschiedlichen Konzepte gestalten sich heute weniger streng und symptomorientiert.

WHITE und BOSKIND-WHITE (1984) propagieren einen experimentellen verhaltenstherapeutischen Ansatz, FAIRBURN (1985), FAIRBURN ET AL. (1993b) sowie POLIVY und HERMAN (1993) die kognitive Verhaltenstherapie, ROSEN und LEITENBERG (1985, 1988) bevorzugen eine Therapie zur Angstreduktion, JOHNSON (1985) ein Kurzzeit-Gruppenprogramm zur Eßverhaltenskontrolle, WAADT und LAESSLE (1991) eine ambulante Gruppentherapie, LACEY (1985) eine zeitlich begrenzte Einzel- und Gruppentherapie mit Berücksichtung des interpersonellen Streßmodells, SCHMITZ ET AL. (1991) eine stationäre problemlösungsorientierte Gruppentherapie und JACOBI und PAUL (1989) eine kombinierte Verhaltenstherapie.

Ein weiteres verhaltenstherapeutisches Modell beschreiben SCHWEDLER ET AL. (1996), bei dem die Vermittlung von Informationen über die Zusammenhänge von Diäthalten und Heißhunger, die Hinführung zu einer regelmäßigen und ausgewogenen Ernährung in der Praxis und der Aufbau eines realistischen Körperbildes im Mittelpunkt stehen. Eine zusammenfassende Darstellung verschiedener Ansätze findet sich bei MEERMANN und VANDEREYCKEN (1987), NUTZINGER und DEZWAAN (1989) sowie ORLEANS und BARNETT (1984), ausführlichere Darstellungen bei GARNER und GARFINKEL (1985).

Trotz dieser unterschiedlichen Ansätze zeigen sich übergreifende Gemeinsamkeiten in der Verhaltenstherapie. Die verschiedenen Modelle arbeiten symptom- und problemorientiert sowie auf Gegenwart und Zukunft der bulimischen Frau bezogen (FAIBURN, 1985; FAIRBURN ET AL., 1993b). Das Herausarbeiten von aktuellen Faktoren, die das Eßverhalten aufrechterhalten, und das Erlernen adäquater Copingstrategien stehen im Vordergrund (WHITE & BOSKIND-WHITE, 1984).

Als oberstes Therapieziel wird bei allen Modellen die Änderung des Eßverhaltens angestrebt. Als therapeutische Mittel werden dazu unter anderem wöchentliches Wiegen, Eßprotokolle und Essenspläne eingesetzt. Für besonders entscheidend hält FAIRBURN (1985) dabei eine Bearbeitung der Angst vor Gewichtszunahme, um auf Dauer eine bedarfsgerechte Ernährung zu gewährleisten.

JACOBI und PAUL (1989) nennen als Schwerpunkte einer stationären Verhaltenstherapie Stabilisierung des Gewichts, Normalisierung des Eßverhaltens, Bearbeitung damit zusammenhängender Problembereiche und der Körperschemastörung, Verbesserung der Körperwahrnehmung und -akzeptanz.

Psychoanalyse

Bei der psychoanalytischen Therapie stehen die Ursache und Symptomentstehung im Mittelpunkt. Frühkindliche Konflikte werden in Einzel- seltener in Gruppentherapie aufgedeckt und bearbeitet. Gleichzeitig wird ihr Zusammenhang zum heutigen Eßverhalten bewußt gemacht. Aktuelle Konflikte werden vor dem Hintergrund der Lebensgeschichte zu verstehen und lösen versucht. Eine besondere Rolle spielt die Aufarbeitung der als spannungsreich betrachteten Mutter-Tochter-Beziehung, die sich zumeist in der Beziehung zwischen Therapeut oder Therapeutin und bulimischer Klientin widerspiegelt und so bearbeitet werden kann (ETTL, 1988; JACOBY, 1992; SCHULTE & BÖHME-BLOEM, 1990; SENF, 1989).

Ein Vorgehen wie in der klassischen Psychoanalyse wird im Bereich Eßstörungen jedoch kaum noch propagiert. Obwohl die Vorstellung, daß das bulimische Eßverhalten von selber aufhöre, wenn die zugrundeliegenden Konflikte erst gelöst sind, immer weniger Beachtung findet, fehlt es häufig noch an symptomorientierten Aspekten in psychoanalytischen Behandlungskonzepten (z.B. ETTL, 1988; COHEN, 1992; SCHULTE & BÖHME-BLOEM, 1990).

Entgegen FEIEREIS (1989) Einstellung, dem Eßverhalten nur eine Bedeutung am Rande der Therapie beizumessen, mehren sich in jüngerer Literatur die Auffassungen, das Symptom nicht länger aus der Therapie auszublenden. So plädiert SENF (1989) für Psychoanalyse in Kombination mit symptomorientierten Therapietechniken. JACOBY (1992) bezieht Ernährungsberatung in die stationäre Behandlung ein und läßt die bulimischen Patientinnen neues Eßverhalten durch gemeinsames Zubereiten von Mahlzeiten ausprobieren.

Auch andere Verfahren werden verstärkt integriert. FEIEREIS (1989), JACOBY (1992) und SCHULTE und BÖHME-BLOEM (1990) arbeiten beispielsweise im stationären Bereich mit Psychoanalyse und Elementen aus der Körper- und Maltherapie.

Familientherapie

Die Familie erfährt nach VANDERLINDEN und VANDEREYCKEN (1989a,b) eine Vernachlässigung bei der Behandlung bulimischer Frauen. So sind in der Literatur zwar verschiedene Arten von Familientherapie bei Eßstörungen zu finden, aber nur wenige beschäftigen sich explizit mit Bulimie (z.B. WARDETZKI, 1996). Als mögliche Ursache weisen SCHWARTZ ET AL. (1985) darauf hin, daß die meisten Erfahrungen auf dem Gebiet der Familientherapie mit den Familien anorektischer Frauen gesammelt wurden, da bulimische Frauen aufgrund ihres Alters oft bereits von der Ursprungsfamilie entfernt leben, was einen Einbezug der ganzen Familie in die Therapie erschwert.

Aber trotz räumlicher Trennung stellen SCHWARTZ ET AL. (1985) eine enge Verwobenheit der bulimischen Frau mit ihrer Familie fest. Sie machen die Erfahrung, daß viele Familien bereit waren, an einer gemeinsamen Therapie teilzunehmen und bemerken, daß trotz aller Geheimhaltungsbemühungen häufig ein unausgesprochenes Wissen um die Bulimie des Familienmitglieds existiert.

Es sollen im folgenden zwei Formen der Familientherapie mit bulimischen Frauen angegeben werden. VANDERLINDEN und VANDEREYCKEN (1989a) praktizieren bei Bulimie eine *direktive Familientherapie* unter Verwendung verhaltenstherapeutischer Elemente, bei der die aktuelle Situation und aktuelle Problemlösungen neben einer funktionellen Analyse der Eßstörung im Rahmen des Familiensystems im Vordergrund stehen.

SCHMIDT (1989) stellt die Interaktionsprozesse innerhalb der Familie in den Mittelpunkt der *systemischen Familientherapie* bei Bulimie. Erstes Ziel heißt die Veränderung des Beziehungsverhaltens als Grundvoraussetzung für ein Aufgeben des Symptoms. Statt des Aufzeigens von Defiziten steht die Förderung bereits vorhandener Ressourcen im Mittelpunkt. Dabei wird der Schwerpunkt auf Förderung der bestehenden Potentiale zur Selbststeuerung, Entscheidungskompetenz, zum Gefühlsausdruck und zur klaren Beziehungsgestaltung gelegt, die nach SCHMIDT (1989) ansatzweise in jeder Familie zu finden sind.

VANDERLINDEN und VANDEREYCKEN (1989a) prognostizieren und befürworten für die Zukunft eine zunehmende Integration der Familie in multimodale Behandlungskonzepte zur Bulimie. Als Beispiel sei auf JACOBY (1992) verwiesen, der von einem Einbezug der Familie in Form eines viertägigen Angehörigenseminars innerhalb eines stationären, tiefenpsychologisch orientierten Modells berichtet.

Systemische Therapie

Die systemische Therapie wird zumeist als Familientherapie angewendet (s.o.), findet aber bei Bulimie in jüngster Zeit zunehmende Beachtung als Einzeltherapie (z.B. GRÖNE, 1995b). Ein besonderes Beispiel stellt der systemische Ansatz von SCHIMPF (1995) dar. Sie entwickelte ein Arbeitshandbuch für bulimische Frauen mit speziellen Übungen und Aufgaben zum Selbststudium, in dessen Mittelpunkt die Aktivierung und Förderung von Selbstheilungskräften und individueller Lösungsideen stehen.

GRÖNE (1995b) betont, daß sich die Frage nach der Ursache kontraproduktiv auf den Prozeß der Veränderung auswirkt. Statt dessen geht es in der systemischen Therapie um den Blick auf die gegenwärtigen aufrechterhaltenden Aspekte und die Entwicklung alternativer Denk- und Verhaltensmuster. In Tabelle 6 sind sechs von GRÖNE (1995a) in der praktischen Arbeit entwickelten Therapieschritte dargestellt.

Tabelle 6 Sechs Behandlungsschritte der systemischen Therapie (nach GRÖNE, 1995a)

---

1. Bulimie als Freundin (positive und wertschätzende Aspekte der Bulimie herausarbeiten)

2. Positive Zielformulierung

3. Suche nach Ausnahmen (Frage nach bulimiefreien Zeiten zur Bewußtmachung bereits vorhandener Ressourcen)

4. Was ist der Preis der Aufgabe? (Funktionen der Bulimie herausarbeiten)

5. Suche nach Scheiterstrategien (herausarbeiten, was unterlassen werden muß)

6. Übernahme von Eigenverantwortlichkeit

Feministische Therapie

Die feministischen Theorien zu Bulimie haben in keiner einheitlichen Therapieform ihren Niederschlag gefunden, sind aber innerhalb verschiedener Modelle in vielen Ausprägungen präsent (z.B. Frauen lernen leben e.V.,1991).

HENNIG und VOGEL (1991) beschreiben die feministische Therapie als Prozeßentwicklung. Sie hat keine Erfolgsorientierung (z.B. Änderung des Eßverhaltens), sondern stellt die Bearbeitung der Identitäts- und Beziehungsproblematik in den Vordergrund. Das Herausarbeiten der Ursachen und die

Entwicklung eines positiven Gefühls psychischer und physischer Weiblichkeit hat besondere Bedeutung. STAHR ET AL. (1995) sehen den besonderen Stellenwert der feministischen Therapie in ihrer Integration eines gesellschaftskritischen Ansatzes. Ausschließlich weibliche Therapeuten erleichtern ihrer Auffassung nach der bulimischen Frau das Ansprechen vieler Problembereiche (z.b. Sexualität, sexuelle Traumatisierungen, verunsicherte Geschlechtsidentität). Die Aufgabe der Therapeutin sehen sie vor allem in der Stärkung des Selbstbewußtseins und in der Hilfe zur Entwicklung eines positiven Verhältnisses zum Körper.

In Tabelle 7 sind die Forderungen der feministischen Therapie an den therapeutischen Prozeß nach GERLINGHOFF und BACKMUND (1995) wiedergegeben.

Tabelle 7 Inhalte der feministischen Therapie nach (GERLINGHOFF & BACKMUND, 1995)

- Gleichberechtigung von Therapeutin und Klientin in der therapeutischen Beziehung
- Anerkennung der Schwierigkeiten durch die mit der Geschlechtsrolle zusammenhängenden Determinanten
- Übernahme persönlicher Verantwortung für Veränderung
- Anerkennung von weitergefaßten Definitionen und Möglichkeiten der Geschlechterrollen

2.6.2 Selbsthilfe

STAHR ET AL. (1995) verzeichnen in den letzten Jahren einen Zuwachs an Selbsthilfeinitiativen zu Eßstörungen. Häufig werden entsprechende Gruppen in psychosozialen Beratungsstellen, Einrichtungen der Suchtkrankenhilfe, Frauenberatungsstellen und -gesundheitsläden angeboten, wobei es sich überwiegend um feministische Selbsthilfekonzepte handelt (z.B. BROCKFELD & THIES, 1994, 1995; DINGELDEY & HIPPEL-SCHULER, 1995; ORBACH, 1979, 1984).

MOELLER (1992) hält die Gesprächsselbsthilfegruppen für die am häufigsten praktizierte Variante. In ihnen finden sich Betroffene einmal pro Woche zum Erfahrungsaustausch ein. Bezüglich der Selbsthilfegruppen bulimischer Frauen halten ENRIGHT ET AL. (1985) eine fachliche Begleitung für sinnvoll. Sie unterscheiden drei verschiedene Formen: erstens Gruppen mit sporadischer therapeutischer Begleitung (z.B. monatliche Supervision), zweitens Gruppen, die von Therapeuten oder drittens von ehemals Betroffenen regelmäßig angeleitet werden.

Einen speziellen Ansatz vertreten die Selbsthilfegruppen der Anonymen Eßsüchtigen oder Overeaters anonymous (OA), die nach dem Suchtmodell der Anonymen Alkoholiker arbeiten und sich im Glauben an eine höhere Macht zusammenfinden, die sie auf ihrem Weg zu "trockenen" Eßsüchtigen unterstützt (Anonyme Eßsüchtige, 1987).

Ergänzend sei ebenfalls das Beispiel des Pyrmonter Selbsthilfeprojekts für Betroffene und Angehörige genannt, das in Kooperation mit einer psychosomatischen Fachklinik und unter wissenschaftlicher Begleitung entwickelt wurde, um nach einer stationären Phase langfristige Nachsorge gewährleisten zu können (MEERMANN & ZELMANSKI, 1994). Eine solche Empfehlung eines Selbsthilfegruppenbesuchs nach Abschluß einer ambulanten oder stationären Therapie ist in der Literatur häufig zu bemerken (z.B. BACKMUND & GERLINGHOFF, 1995; JACOBY, 1992).

Einer besonderen Variante der Selbsthilfe widmete sich ein Forschungsprojekt in Bielefeld und London. Diese Studie belegt, daß die Eigentherapie mittels selbstverantwortlichem Studium eines Selbsthilferatgebers bei Bulimie überraschende Erfolge zeigt und als eine sinnvolle Alternative oder Ergänzung zur professionellen Psychotherapie eingesetzt werden kann (SCHMIDT & TREASURE, 1996; STRECKER, 1996). Als weitere Selbsthilferatgeber zur Eigentherapie sind die Veröffentlichungen von GÖCKEL (1988; 1992), ROTH (1994) und SCHIMPF (1995) zu nennen. Darüber hinaus finden sich auf dem Büchermarkt zahlreiche Erfahrungsberichte ehemaliger Betroffener, die sich ebenfalls mit selbsthilfeorientierten Absichten an bulimische Frauen wenden (z.B. KLOTH, 1993; LINDER, 1993; ROCHE, 1987).

2.7 Verlauf

Zum Verlauf der Bulimie sind nur wenig Veröffentlichungen zu finden. Beklagt wird nicht nur dieser Mangel, sondern auch die methodische Qualität (z.B. Uneinigkeit über Diagnose- und Erfolgskriterien) von Prognosestudien und Langzeitverläufen, die einen Vergleich der Studien untereinander unmöglich machen (z.B. BACKMUND & GERLINGHOFF, 1995; HERZOG ET AL., 1989; JACOBI & PAUL, 1989).

Durchschnittsdauer

Wenig Angaben lassen sich über die Dauer dieser Eßstörung entdecken. Die Bundeszentrale für gesundheitliche Aufklärung (1994) nennt in einer Broschüre eine Durchschnittsdauer der Bulimie von sieben Jahren. HABERMAS (1990) stellt in einer Patientinnengruppe eine durchschnittliche Chronizität der Symptomatik von sechs Jahren fest.

Ungünstige Prognosen

Eine besonders ungünstige Prognose erhält eine Bulimie mit erhöhter Komorbidität, spätem Behandlungsbeginn (FICHTER ET AL, 1992; FICHTER, 1993b; KIESELBACH, 1985) bei gleichzeitigem Fehlen verläßlicher Bezugspersonen und einem nicht vorhandenen Willen zur Veränderung der Symptomatik und Lebenssituation (JACOBY, zit. nach Westfalen-Blatt, 1995).

Heilung

Eine differenzierte Definition von Heilung oder Genesung ist in der Literatur ebenfalls nicht zu finden. Zumeist wird Symptomfreiheit bzw. -verbesserung mit Behandlungserfolg gleichgesetzt (z.B. FAIRBURN, 1985; HERZOG ET AL., 1987; SWIFT ET AL., 1987). HERZOG ET AL. (1989) halten eine achtwöchige Abstinenz von bulimischen Vorfällen für das wichtigste Erfolgskriterium einer Genesung.

FEIEREIS (1989) berücksichtigt dagegen bei der Entlassung aus einem stationären Aufenthalt auch den psychischen Hintergrund des Symptoms. Unter Mißerfolg wird eine Verschlechterung des Symptomverhaltens verstanden. Die nächste Stufe kennzeichnet ein nicht verändertes Symptomverhalten. Leichte Besserung heißt, daß das Symptom seltener auftritt, zugleich eine Auseinandersetzung mit der zugrunde liegenden Psychodynamik stattgefunden hat und eine Verhaltensänderung begonnen wurde. Wesentliche Besserung setzt eine abgeklungene Symptomatik, die auch bei inneren Konflikten nicht wieder zunimmt, und psychische Stabilität und Ausgeglichenheit voraus.

Behandlungsergebnisse

YAGER ET AL. (1993) berichten nach Durchsicht entsprechender Studien von einer deutlichen Verbesserung des Eßverhaltens bei durchschnittlich 70 Prozent der Patientinnen bei Abschluß einer Behandlung. FAIRBURN (1985) stellt bei neun von elf Patientinnen eine Symptomverbesserung nach einer fünfmonatigen verhaltenstherapeutischen Behandlung fest. SWIFT ET AL. (1987) berichten, daß drei Jahre nach einer stationären Behandlung 27 Prozent der Patientinnen weniger als einen bulimischen Vorfall pro Monat angeben können, 40 Prozent mittelmäßig mit der Eßproblematik zurechtkommen und 33 Prozent von täglichen bulimischen Vorfällen berichten. JACOBY (zit. nach Westfalen-Blatt, 1995) spricht von einer Symptomfreiheit bei 51 Prozent der bulimischen Frauen zweieinhalb Jahre nach einer stationären tiefenpsychologischen Behandlung.

Verwiesen sei auf zwei ausführliche Verlaufsstudien stationärer Behandlung. Die Berliner Verlaufsstudie der Eßstörungen im Jugendalter (STEINHAUSEN & SEIDEL, 1994a,b) konnte nach vier Jahren bei 68 Prozent ihrer 60 Patientinnen und Patienten eine Symptomfreiheit feststellen. Die Verlaufsstudie über zwei bzw. sechs Jahre der Klinik Roseneck (FICHTER, 1993b; FICHTER ET AL., 1992) mit einem integrativen verhaltenstherapeutischen Ansatz zeigt eine Verbesserung der Symptomatik bei mehr als 50 Prozent.

2.8 Anmerkungen zum Stand der Forschung

Die enorme Fülle an Literatur zum Thema Bulimie wirkt wie ein Spiegel ihres Betrachtungsgegenstandes: ausufernd, facettenreich, uneinheitlich und unklar, voller Gegensätze, Widersprüche und Trugschlüsse.

Beispielsweise finden sich zum Bereich des sexuellen Erlebens bulimischer Frauen Beschreibungen wie *kindlich unterdrückte* Sexualität (FICHTER, 1993b; JACOBY, 1992; SENF, 1989) und *altersgerechte* Sexualität (ABRAHAM ET AL., 1985). Bulimie gilt als psychosomatische Störung (LAESSLE & PIRKE, 1989; SCHWEIGER ET AL., 1988) oder gerade nicht als psychosomatische Störung (KÄMMERER, 1989b).

Ihre Zuordnung zu den Suchterkrankungen wird aus den unterschiedlichsten Gründen abgelehnt (FRANKE, 1994a; GÖTZ-KÜHNE, 1995; HABERMAS ET AL., 1987; THARANG, 1985; ZURNIEDEN, 1986), befürwortet (BACHMANN, 1985; KRÄMER, 1988; WARDETZKI, 1996) oder gilt als unentscheidbare Frage (KIESELBACH, 1995). Als einzige eindeutige Aussage, die das Phänomen Bulimie zu gestatten scheint, bleibt die, daß über sie keine eindeutige Aussage getroffen werden kann.

Was ist der Grund für diese Unklarheiten und Widersprüche?

Eine *erste Erklärung* liefern qualitative, quantitative und formale Mängel in Forschung und Literatur, die wiederum in Zusammenhang mit dem Alter der erst sechzehnjährigen Bulimie stehen. In dieser Zeit haben sich Diagnosekriterien, therapeutische Konzepte oder diagnostische Tests verändert und an aktuellste

Forschungsergebnisse angepaßt. Immer mehr Studien liefern immer ausdifferenziertere Ergebnisse, und in vielen Bereichen beginnt die Forschung erst. So lassen beispielsweise Untersuchungen aufgrund unterschiedlicher zugrundeliegender Diagnosekriterien oder zu kleiner Stichprobenauswahl widersprüchliche Schlußfolgerungen zu. Terminologien werden nicht einheitlich verwendet und erschweren eine Vergleichbarkeit. Den Begriff *Bulimarexia* verwenden beispielsweise SCHULTE und BÖHME-BLOEM (1990) für eine spezielle Mischform zwischen Anorexie und Bulimie, während LANGSDORFF (1985) und LANGLOTZ-WEIS (1985) ihn als Synonym für Bulimie benutzen. Ebenso auffallend sind formale Mängel innerhalb der Literatur. So wird häufig nicht angegeben, aus welcher Quelle verwendetes Datenmaterial stammt, Hypothesen werden als Fakten ausgegeben, Theorien ohne Begründung verworfen oder Ursachen nicht von Wirkungen getrennt.

Neben diesen formalen und altersbedingten Mängeln bietet die ideologische Überfrachtung des Themas Bulimie eine *zweite Erklärung*. Es zeigt sich als besonders geeignet für einseitige Interpretationen, das Darlegen von Überzeugungen statt Fakten, Grabenkämpfe, Standortdebatten und Glaubensfragen innerhalb psychologischer, medizinischer und gesellschaftlicher Auseinandersetzungen. Es wird nicht selten in diesem Zusammenhang für fremde Zwecke mißdeutet und mißbraucht.

Wünschenswert und sinnvoll wäre innerhalb der Forschung zur Bulimie das Aufgeben einseitiger ideologischer Positionen, Scheuklappen und Konkurrenzhaltungen. Statt dessen würde Offenheit, gegenseitige Unterstützung, Ergänzung und konstruktive Kritik nicht nur Forscherinnen und Forscher voneinander profitieren lassen, sondern letztlich denen zu Gute kommen, um die es eigentlich geht: den Betroffenen.

Eine *dritte Erklärung* liefert RUSSELs Theorie (1989) der Veränderung der Bulimie durch ihre Anpassung in Form und Inhalt an den gesellschaftlichen Kontext. Das würde bedeuten, daß sich aufgrund ihrer mangelnden Konstanz keine klaren und einheitlichen Aussagen zum Phänomen Bulimie treffen lassen. Begründet werden kann diese Theorie mit dem Hinweis auf festgestellte Veränderungen in der Epidemiologie (z.B. Ausweitung auf das männliche Geschlecht und auf niedrige Altersstufen) und Symptomatologie (z.B. Tendenz zur offen gelebten und zur Bulimie mit niedrigem Gewicht).

Eine vierte und *letzte Erklärung* für Unklarheiten und Widersprüche innerhalb der Literatur zur Bulimie bietet JÄGERs (1992) empirische Studie zur Polyvalenz bulimischer Symptomatik. Sie läßt die Schlußfolgerung zu, daß es sich bei dieser Eßstörung um eine Bewältigungsstrategie für unterschiedliche Konflikte auf unterschiedlichen Ebenen handelt, was das Herausarbeiten einheitlicher ätiologischer Faktoren und Behandlungsmöglichkeiten erschwert.

Was bleibt offen?

Neben der Fülle an uneinheitlichen Daten zum Thema Bulimie fällt die thematische Gewichtung innerhalb der Forschung sowie die wissenschaftliche Einstellung zur Bulimie ins Auge. Forschung und Literatur richten ihren Blick bevorzugt auf das Symptomverhalten und liefern hierzu eine enorme Datenflut. Als Erfolgskriterium einer Behandlung wird meist auf die Änderung des Eßverhaltens verwiesen. Unterstützt wird dies durch die Bezeichnung *Bulimie*, die sich letzlich nur auf ein Symptom, den Eßdrang, bezieht, obwohl sich dahinter weitaus mehr verbirgt als ein übergroßer Hunger nach Nahrungsmitteln.

Ursächliche und aufrechterhaltende Faktoren stehen ebenso wie Studien zur Behandlung, zum Langzeitverlauf und zum Bewältigungserleben zurück. Über die Änderung des Eßverhaltens hinaus fehlen Kriterien für eine gelungene Bewältigung der Eßstörung. Für ein umfassendes Verständnis der Bulimie erscheint eine neue Gewichtung innerhalb der Forschung nicht nur wünschenswert, sondern notwendig.

Auffallend sind in der Literatur außerdem defizit- und pathologieorientierte Persönlichkeits- und Familienbeschreibungen, wie beispielsweise in Abbildung 2, Tabelle 4 und 5 wiedergegeben. Hier mangelt es, wie bereits FOCKS (1994) beklagt, auch an einer Trennung zwischen Ursachen und Wirkungen. Psychische und physische Auswirkungen der Bulimie werden beispielsweise selten als solche benannt, sondern häufig nur als ihre Ursache herangezogen (z.B. Kontaktarmut, Selbstabwertungen, Scham, Körperbildstörungen, Mangelernährung).

Ob es sich bei der bulimischen Denk-, Fühl- und Verhaltensweise tatsächlich um eine krankhafte und unnormale Ausnahme handelt oder ob sie möglicherweise ein Abbild der heutigen Lebensrealität vieler junger Frauen darstellt, könnte erst ein Vergleich mit Ergebnissen aus entsprechenden Kontrollstudien zur Persönlichkeit und Familie nicht bulimischer Frauen beantworten, an denen es bis heute leider noch vollständig mangelt.

Desweiteren fehlt es in der Literatur an Hinweisen für einen symptomakzeptierenden Umgang mit körperlichen Begleiterscheinungen. Statt zahlreicher dramatisierender Aufzählungen von physischen Folgeerscheinungen des bulimischen Eßverhaltens könnten konkrete Behandlungsvorschläge (z.B. zur Zahnpflege, zum Mineralienhaushalt, zum Umgang mit Amenorrhöe, zur Vorbeugung von Osteoporose) den Betroffenen in der akuten Phase Erleichterung verschaffen sowie Ängsten und Selbstvorwürfen entgegenwirken.

Vor allem aber finden sich in der Literatur beinahe ausschließlich individuumzentrierte Erklärungs- und Behandlungsmodelle der Bulimie. Es ist die Rede von schwer heilbaren Entwicklungs- und Persönlichkeitsdefiziten, die zum individuellen Unvermögen der bulimischen Frau, ihrer Familie und insbesondere ihrer Mutter erklärt werden.

Offen bleibt innerhalb dieser Sichtweise weiterhin, warum seit den achtziger Jahren gerade diese Symptomatik fast nur unter jungen Frauen des westlichen Kulturkreises verbreitet ist. Und offen bleibt ebenfalls, welche Konsequenzen für Behandlung und Prävention eine Beachtung dieses vernachlässigten soziokulturellen Kontextes der Bulimie mit sich bringen würde.

Dieser Forschungsstand bildet den Ausgangspunkt der anschließenden Ausführungen. Eine Betrachtung des soziokulturellen Kontextes der Bulimie soll seine Bedeutung für ihr Verständnis und ihre Behandlung herausarbeiten.

3. Bulimie als Konfliktlösungsstrategie und Selbstheilungsversuch

Von der Bulimie sind zumeist junge Frauen des westlichen Kulturkreises betroffen. Es handelt sich dabei um ein Phänomen, das verstärkt und zunehmend seit den siebziger Jahren zu bemerken ist und deren Symptomatik um die Bereiche Nahrung und Körper kreist. Wie läßt sich diese Kultur-, Zeit-, Symptom-, Alters- und Geschlechtsspezifik der Bulimie erklären?

Indem im folgenden Kapitel das Phänomen Bulimie unter einem kulturhistorischen und gesellschaftlichen Blickwinkel betrachtet wird, sollen der Leserin und dem Leser Antworten auf diese Fragen vorgestellt werden. Dazu erfolgen Betrachtungen der historischen Wurzeln der Bulimie, der kulturellen Normen bezüglich des Eßverhaltens, der Vergesellschaftung der Frau und ihres Körpers sowie des kulturellen Umgangs mit der Bulimie. Abschließend wird dieser soziokulturelle Hintergrund zum individuellen Erleben bulimischer Frauen in Bezug gesetzt.

3.1 Zur Geschichte der Bulimie

Handelt es sich bei der Bulimie tatsächlich um eine Neuerscheinung der achtziger Jahre? Oder haben Frauen schon früher ähnliche Eßstörungen entwickelt? Daß beide Fragen mit ja zu beantworten sind, soll in diesem Kapitel aufgezeigt werden.

In der Geschichte lassen sich nach HABERMAS (1990) zwei Formen von ungewöhnlichem Eßverhalten finden, die mit der heutigen Bulimie in Verbindung zu stehen scheinen. Zum einen handelt es dabei sich um übermäßiges oder häufiges Essen, Eßgier, Gefräßigkeit und Unersättlichkeit. Diese Phänomene stellen keine modernen Erscheinungen unserer Überflußgesellschaft dar, sondern sind als Formen abweichenden Eßverhaltens seit der Antike in der Literatur präsent (BLINDER & CHAO, 1994; GIANNINI, 1993; HABERMAS, 1990; KLEINSPEHN, 1987; ZIOLKO & SCHRADER, 1985). Zum anderen findet in vielen historischen Quellen eine frauentypische Nahrungsverweigerung Erwähnung, die somit ebenfalls eine jahrhundertelange Tradition aufweist (HABERMAS, 1990).

Es stellt sich nun die Frage, welche Ähnlichkeiten zwischen der heutigen Bulimie und diesen beiden historischen Formen extremen Eßverhaltens (übermäßige Nahrungsaufnahme und -verweigerung) bestehen. Erst dann kann sich klären, was an der heutigen Bulimie tatsächlich neu ist und gegebenenfalls Rückschlüsse auf kulturelle Bedingungen unserer Zeit zuläßt. Zugleich wird dadurch deutlich werden, an welchen Stellen die heutige Bulimie uralte Traditionen fortsetzt, die eng mit unserer Kulturgeschichte verwoben sind.

Übermäßige Nahrungsaufnahme in der Geschichte

ZIOLKO und SCHRADER (1985) belegen, daß schon im 4. Jahrhundert v.Chr. unter dem Begriff *Bulimia* ein krankhafter, unersättlicher Hunger verstanden wurde. Über die Jahrhunderte hinweg stand dieser auch als *Fames canina*, *Kynorexie* oder *Phagedena* im Blick wissenschaftlichen Interesses. Von Bedeutung ist dabei, daß dieses Eßverhalten nicht als Makel, sondern als ein Zeichen von Macht, Stärke oder als göttliches Geschenk angesehen wurde. So nennen MENNELL und SIMONS (1989) als historisches Beispiel aus der Renaissance Catarina di Medici, die ohne Scham von ihren enormen Eßgelüsten berichtete.

ZIOLKO und SCHRADER (1985) stellen schließlich in Schriften des 17. Jahrhunderts eine Unterteilung der historischen Bulimie in verschiedene Untergruppen fest. Neben Hunger aufgrund von Wurmbefall, einer Bulimie mit dem Charakteristikum der Ohnmacht, des Durchfalls oder mit Symptomen, die heute als Epilepsie gedeutet würden, berichten die Autoren von der *Bulimia helluonum*, die durch übersteigerte Eßgier gekennzeichnet war.

Seit Ende des 19.Jahrhunderts verstärkte sich das wissenschaftliche Interesse an der Bulimie. ZIOLKO und SCHRADER (1985) führen aus, daß die Unersättlichkeit und die Unwiderstehlichkeit des Eßdrangs bis zum "Bulimie-Boom" der siebziger und vor allem achtziger Jahre dieses Jahrhunderts mit gleichbleibendem wissenschaftlichen Interesse beschrieben worden ist. Während zuvor eher Beispiele bulimischer Männer in der Literatur zu finden sind, handelt es sich seit der Jahrhundertwende zunehmend um Frauen.

Ist Bulimie also keine "Erfindung" moderner junger Frauen? Da HABERMAS (1990) spezifische Symptome der heutigen Bulimie in den historischen Schriften und der entsprechenden Sekundärliteratur mit wenigen Ausnahmen nicht feststellen konnte, unterscheidet er sie von diesen historischen Vorläufern. Bis in die dreißiger Jahre dieses Jahrhunderts findet er in keiner Quelle Hinweise auf die heute typischen Merkmale. Weder handelt es sich bei der historischen Bulimie um eine Symptomatik, die nur Frauen betrifft, noch wird dem Körpergewicht dabei eine besondere Bedeutung eingeräumt. Auch bemerkt HABERMAS (1990) keine

Erwähnung von Erbrechen oder anderen Methoden zur Gewichtskontrolle, keine Einteilung in erlaubte und verbotene Nahrungsmittel und kein gehäuftes Auftreten im heute bulimiespezifischen Alter. Statt dessen bemerkt er in den historischen Vorläufern die Beschreibung ätiologisch unspezifischer Symptome.

Auf den ersten Fall einer Bulimie im heutigen Sinne stößt HABERMAS (1990) erst in einer medizinischen Fallstudie des Jahres 1932. Eine Zunahme entsprechender Fallbeispiele seit dem Ende der vierziger Jahre läßt ihn auf den beginnenden Anstieg der Ausbreitung schließen. Er vergleicht ihn mit einem stetig wachsenden Eisberg, dessen Spitze in den sechziger und siebziger Jahren langsam sichtbar wurde. Die explosionsartige Veröffentlichungsflut der achtziger Jahren erklärt er mit dem Aufdecken bis dato im Dunkeln gebliebener, "alter" Fälle und mit einer verstärkten Ausbreitung.

Schlußfolgernd stellen frauenspezifisches übermäßiges Essen und Erbrechen aus Angst vor Gewichtszunahme ein erst sechzigjähriges Phänomen dar, welches besonders seit den letzten zwanzig Jahren verbreitet ist.

Nahrungsverweigerung in der Geschichte

In der Literatur lassen sich zahlreiche Belege finden, daß Frauen über die Jahrhunderte hinweg Essensverweigerungen als Mittel für andere Zwecke einsetzten (z.B. BELL, 1985; VON BRAUN, 1992; BRUMBERG, 1994; BYNUM, 1987; SLABY & DWENGER, 1993; VANDEREYCKEN ET AL., 1992). Das Essen zu verweigern, diente ihnen innerhalb patriarchaler Herrschaftsstrukturen seit alters her als Sprachrohr für verschiedenste Anliegen. Ein Zugriff auf andere Ausdrucksmittel war ihnen zumeist verwehrt.

HABERMAS (1990) zeigt auf, daß sich in der historischen Nahrungsverweigerung deutlich verschiedene Charakteristika der heutigen Bulimie entdecken lassen. Er hält nach einem Studium von historischen Quellen und entsprechender Sekundärliteratur Nahrungsverweigerung für ein seit alters her typisch weibliches Phänomen, das in der Öffentlichkeit Aufsehen erregte, bevorzugt in der Pubertät auftrat und einem bestimmten Zweck dienen sollte - vier Auffälligkeiten, die ebenso auf die heutige Bulimie zutreffen.

Beispielsweise sieht er hinter der mittelalterlichen Form der Nahrungsverweigerung die Absicht einer christlich-religiösen Buße oder einer Selbstreinigung des von der Kirche für sündig erachteten weiblichen Körpers. Nicht selten hatte diese Selbstkasteiung eine Heiligsprechung der hungernden Frau durch die Kirche zur Folge. Doch ihr extremes Fasten konnte dadurch auch einen tieferliegenden Zweck verfolgen. Häufig war mit dieser Heiligsprechung ein

Eintritt ins Kloster verbunden, so daß das Hungern schließlich auch zur Verhinderung einer unerwünschten Verheiratung verhelfen konnte.

Fastende Frauen des 16. bis 19. Jahrhunderts galten in dieser Zeit der Lebensmittelknappheit als medizinische Wunder und erregten mit ihrem Verzicht in der hungrigen Öffentlichkeit große Bewunderung und Aufmerksamkeit. Als jüngste Ausprägung von Nahrungsverweigerung HABERMAS (1990) die Magersucht. Erst mit ihr wurde seit dem 19. Jahrhundert das Hungern von der medizinischen Wissenschaft und der Öffentlichkeit zur Krankheit erklärt.

Bedeutsam ist, daß sich HABERMAS (1990) Ausführungen zufolge die weibliche Nahrungsverweigerung nie als isoliertes, individuelles Phänomen darstellte. Statt dessen stand sie immer im Austausch mit der darauf reagierenden sozialen Umwelt, die ihr Beachtung und Bewunderung zollte oder sie für krankhaft hielt, und mit der jeweiligen kulturell etablierten Form des Umgangs mit Nahrung.

Zusammenfassend kann festgehalten werden, daß die historischen Formen der übermäßigen Nahrungsaufnahme nur bedingt als Wurzeln der heutigen Bulimie betrachtet werden können. Ihre Gemeinsamkeit besteht zwar im Symptom des Überessens. Aber ihre Verschiedenheit liegt in der heutigen Ausprägung und Bedeutung dieses Symptoms: es dient jetzt der Gewichtskontrolle und erfüllt eine Funktion auf der psychischen Ebene.

In direkter Beziehung steht die heutige Bulimie dagegen mit den historischen Formen der Nahrungsverweigerungen. Wird diese Spur extremen weiblichen Eßverhaltens durch die Jahrhunderte verfolgt, schließt sich die Bulimie an die weibliche Tradition der Nahrungsverweigerung an. Auch HABERMAS (1990) schlägt einen Bogen von den fastenden Frauen vergangener Jahrhunderte über die Magersucht zur heutigen Bulimie und sieht diese als ihren wichtigsten Vorläufer an. Somit handelt es sich bei der Bulimie zwar um ein Phänomen der Moderne, aber sie läßt sich in ein Kontinuum extremen weiblichen Eßverhaltens stellen, welches zum Zweck der Körperkontrolle und als Ausdrucksmittel für verschiedene Absichten vor dem Hintergrund unterschiedlicher gesellschaftlicher Bewertung eingesetzt wird.

3.2 Zur Bedeutung des Essens

Wie kommt es, daß sich innerhalb der weiblichen Tradition der Nahrungsverweigerung heute eine neue Form des extremen Eßverhaltens entwickelt hat? Eine Betrachtung der Entwicklungsgeschichte des Eßverhaltens im Sinne der Zivilisationstheorie von ELIAS (1939) liefert erste Antworten.

3.2.1 Vom Mittelalter bis zum 20. Jahrhundert

Seit dem Ende des Mittelalters bis heute vollzieht sich ein Bedeutungswandel und eine Disziplinierung des Essens. Soziale Ungleichheiten bei der Nahrungsmittelverteilung und Unsicherheiten bezüglich des Nahrungsvorrates hatten schwankende Eßmuster zwischen Mäßigkeit und Festmahl in allen sozialen Schichten zur Folge. Den Appetit kontrollierten somit äußere Regulationsmechanismen. Wurde in antiker Tradition bis ins Mittelalter also nach individuellen Bedürfnissen, jahreszeitlicher Rhythmik und Lebensmittelverfügbarkeit gegessen, trat im Übergang zur Renaissance die Frage der Sättigung hinter einer symbolischen und psychischen Besetzung des Essens zurück. Diät- und Mäßigungsvorschriften zielten zunehmend auf Affektkontrolle und korrektes Verhalten im gesellschaftlichen Konkurrenzkampf.

Im 17. und 18. Jahrhundert gewann der Körper durch den Wandel der Medizin zu einer messenden Wissenschaft immer mehr an Bedeutung. Die Entwicklung von der Fremd- zur Selbstkontrolle nahm ihren Anfang. Zum ersten Mal erschien der Körper durch das Verhalten des einzelnen Menschen beherrsch- und beeinflußbar. Eine zunehmende Eigenverantwortlichkeit und Individualisierung bezüglich des Körpers waren die Folgen. In der oberen und mittleren Schicht rückte verstärkt die Kultivierung und Ästhetisierung des Essens in den Vordergrund, nicht zuletzt zum Zweck der Ausgrenzung unterer gesellschaftlicher Klassen. Korpulenz erhielt als Zeichen unersättlicher, tierischer Gier eine zunehmend negative Bewertung und wurde zum Thema medizinischer und moralischer Schriften. Eine neue Angst gewann an Bedeutung: die Angst vor Kontrollverlust. Erstmalig findet sich in historischen Schriften dieser Zeit der Begriff der Sucht im Sinne eines krankhaft übersteigerten Triebes zu Essen oder zu Trinken (KLEINSPEHN, 1987).

Mit dem Beginn der Industrialisierung drückten sich wachsende Abhängigkeiten und nivellierte Machtverhältnisse zwischen den sozialen Klassen auch in einer gleichmäßigeren Verteilung der Nahrungsmittel aus, was letzlich zu einer Verringerung äußerer Appetitregulationsmechanismen führte. Diese Veränderungen bewirkten einen steigenden sozialen Druck hin zur selbstkontrollierten Nahrungsaufnahme (MENELL & SIMONS, 1989).

Zwei weitere bedeutungsvolle Aspekte gingen einher mit dieser Rationalisierung und Quantifizierung der Ernährung im 18. und 19. Jahrhundert, die sich durch eine historisch neue Abhängigkeit von fremder Lebensmittelzulieferung oder durch Einrichtungen zur Massenverpflegung auszeichneten: erstens das vorherrschende mechanistische Kreislaufmodell des Körpers und dementsprechende Mäßigungsvorschriften (spezielle Ernährung zum optimalen Funktionieren der "Maschine" Körper) und zweitens die Bedeutungszunahme einer Eßerziehung mit den Inhalten Verzicht, Aufschub, Selbstbeherrschung und Kontrolle (KLEINSPEHN, 1987). Diese Entwicklung der Kultivierung, Rationalisierung und Funktionalisierung des Essens gipfelte mit der Spätaufklärung in der Auffassung vom Geschmack als abstrakte, geistige Kategorie und als der Vernunft unterliegend - fernab von Lust und Begehren (FOCKS, 1994). Vor allem beim mittleren und kleinen Bürgertum bestand eine große Orientierung an äußeren Normen und sozialer Kontrolle. Die Durchsetzung der vorherrschenden Werte der Jahrhundertwende, wie Fleiß, Selbstbeherrschung, Ordnung und Sparsamkeit, wurde vor allem über den Bereich Ernährung, insbesondere durch die Eßerziehung, versucht.

Somit geriet im Laufe der Ausdifferenzierung der Gesellschaft das Essen zunehmend in den interpersonalen Bereich, bis schließlich das bürgerliche Individuum Fremdzwang und gesellschaftliche Normen internalisiert hatte. Affekt- und Selbstkontrolle hießen seitdem die vorherrschenden gesellschaftlichen Prinzipien bezüglich des Essens. Die schnell zur allgemeinen Norm avancierenden, neu eingeführten Gewichtstabellen stehen exemplarisch für diese Verinnerlichung der Fremdkontrolle. Der Weg fort von der Vorstellung eines individuellen Körperselbst hin zur gewünschten Kontrollierbarkeit des Körpers wurde stetig vorangeschritten (KLEINSPEHN, 1987).

3.2.2 Heutige Zeit

Eine deutlich verschärfte normative Restriktion in Form von Diäthalten bei Nahrungsüberfluß kennzeichnet die aktuelle Form der Eßkontrolle. Der Effekt der Nahrung nimmt hinsichtlich der Körperkontrolle heute größte Bedeutung ein. An erster Stelle für den individuellen Speiseplan steht als Auswahlkriterium der Wunsch nach einem normgerechten schlanken, sportlichen Körper. Damit sind zwei historische Stränge zusammengeflossen: die Zivilisierung der Eßlust und die Entwicklung der Schönheitsvorstellungen (HABERMAS, 1990). Letztere wird später noch Gegenstand der Betrachtung sein.

Heute bestehen kaum noch festgefügte, von außen aufrechterhaltene Eßnormen und Mäßigungsregeln, wie feste Mahlzeiten, Fastenzeiten oder Unterteilungen in Alltags- und Sonntagsessen. Auch die Vielfalt der Nahrungsmittel, von Fastfood bis Feinschmeckerkost, ist nicht mehr an Jahreszeiten gebunden, sondern steht zur ständigen, reichlichen Verfügung (GNIECH, 1995). Doch der historische Prozeß der Rationalisierung menschlicher Seinsweisen, vor allem der vernunftbetonte Umgang mit Nahrung und Körper sowie der Mechanismus der Internalisierung externer Affektkontrolle, haben sich in anderer Form weiter fortgesetzt. Die internalisierte Selbstkontrolle stellt die jüngste Ausprägung des kulturhistorischen Prozesses zur Zivilisierung der Eßlust dar. Sie ist zur Selbstverständlichkeit und aufgrund der gesellschaftlichen Stigmatisierung des Dickseins zum individuellen Eigeninteresse geworden (HABERMAS, 1990).

Rund 237 Millionen DM Umsatz wurde 1993 allein mit Diätmitteln aus Quellstoff-Pulvern erreicht, die mit Flüssigkeit angerührt im Magen ein vorübergehendes Völlegefühl bewirken, 7,4 Milliarden DM Umsatz war im gleichen Jahr mit Diät- und Reformwaren (SCHUHMACHER & WILMES, 1994) und 2 Milliarden DM mit kalorienreduzierten "Light-Produkten" zu verzeichnen (BIALLO, 1994). Außerdem findet sich in den Buchhandlungen ein Fülle von Diätratgebern, wie beispielsweise Vollwertkochbücher oder vegetarische Kochbücher. Sie alle propagieren die kontrollierte Nahrungsaufnahme zur Förderung der Gesundheit, wenn auch nicht immer explizit im Hinblick auf Gewichtsreduzierung.

Die zunehmende chemische Aufbereitung und Belastung der Lebensmittel läßt ebenfalls für viele Verbraucherinnen und Verbraucher ein gezieltes Auswählen und einen funktionalisierten Umgang mit Nahrungsmitteln zur alltäglichen Routine werden. Nahrungskontrolle angesichts enormen Nahrungsüberflusses ist also zur selbstverständlichen Normalität geworden. Zum Zweck der Gewichts- und Schadstoffkontrolle werden alltägliche Einteilungen in "erlaubte" und "verbotene" Lebensmittel vorgenommen.

Gleichzeitig bleibt die soziale Bedeutung des Essens weiterhin bestehen und hat sich in ihrer Bedeutung noch spezialisiert. Geschäftsessen zur entspannten Kommunikation, gemeinsames Kochen mit Freunden oder auswärts Essengehen als Freizeitvergnügen und zur Erholung sind heute feste Bestandteile des Alltags. Die wieder in Mode gekommene Wohnküche symbolisiert diesen zentralen Stellenwert der Nahrungszubereitung und -verspeisung im Alltagsleben und dessen enge Verwobenheit mit sozialen und individuellen Strukturen (GNIECH, 1995; KLEINSPEHN, 1987).

Auch im Fernsehen häufen sich Sendungen über genußvoll zelebriertes Kochen. In der Werbung ist eine zunehmende Verknüpfung von Essen mit Sexualität, Sinnlichkeit, Lust, Spaß und Genuß zu bemerken. Das, was KLEINSPEHN (1987) als Bedeutungszunahme der Oralität aufgrund eines Sinnverlustes der materiellen Welt beschreibt, ist in diesen Entwicklungen wiederzufinden. Die Nahrungsaufnahme ist heute eine der wenigen übriggebliebenen Möglichkeiten, durch die sich noch Lebendigkeit und lebendiger Bezug zur Umwelt erfahren läßt.

Einen entscheidenden Beitrag zur Verknüpfung von Essen und Befriedigung emotionaler Befindlichkeiten leistet der kulturell übliche Umgang mit Kleinkindern. Die Trennung vom Versorgtwerden und Aufgehobensein im Mutterleib wird dem Säugling nicht leicht gemacht. Der Erfüllung früher Wünsche nach Hautkontakt, Wärme und Körpernähe wird nur unzureichend nachgekommen (LIEDLOFF, 1992). Diese Gefühlseinheit der Geborgenheit gewährleistet nur der Fütterungsakt, der an die Lust des Essens gekoppelt ist. So vollzieht sich im Säuglingsalter ein entscheidendes Assoziationsmuster. Die Nahrungsaufnahme wird gleichbedeutend mit der Befriedigung emotionaler Wünsche.

Da in unserer Kultur kaum frühe Lernerfahrungen bezüglich des Körperkontakts außerhalb der Nahrungsaufnahme gesammelt werden, kann sich keine differenzierte und angemessene Umgangsweise mit entsprechenden Bedürfnissen entwickeln. Das Essen wird zur Antwort auf Gefühle wie Müdigkeit, Einsamkeit oder Kälte und etabliert sich in den folgenden Lebensphasen als Lust- und Entlastungsquelle. Statt angemessene Ausdrucksmöglichkeiten für die eigene Befindlichkeit zu suchen, wird das Essen zum Ausdruck und Ventil (KRÄMER, 1988; zum Kulturvergleich: LAWLOR, 1993; LIEDLOFF, 1992).

KÄMMERER (1989a) bringt die Auswirkungen dieser kulturellen Ambivalenzen auf den Punkt. Die perfekte, normgerechte Mäßigung ist unauffällig, verdirbt den anderen nicht den Appetit, wirkt nach außen keineswegs genußfeindlich, basiert auf der eigenen rationalen Entscheidung und muß folglich sogar willentlich unterbrochen werden können, um sich ab und zu mal "etwas zu gönnen". Der lustfeindliche Mensch entspricht heute ebensowenig der gewünschten Norm wie der unkontrolliert essende, nicht "normalgewichtige". Gesund, vor allem nicht dickmachend und trotzdem lustbetont heißen die widersprüchlichen Ernährungsmaxime unserer Zeit. Es besteht also einerseits eine enge Verknüpfung von Essen und "Sich-etwas-Gutes-Tun" und andererseits ein selbstverständlich gewordenes Verbot, beim Essen den eigenen Bedürfnissen und Gelüsten freien Lauf zu lassen.

So führen heute 90 Prozent aller Frauen Schlankheitsdiäten durch oder haben welche durchgeführt, 70 Prozent sind unzufrieden mit ihrem Körper und wollen abnehmen, 20 Prozent überessen sich durchschnittlich einmal pro Monat und 10 Prozent aller Frauen haben schon einmal Abführmittel oder Erbrechen als Mittel zur Gewichtsreduzierung eingesetzt (GRÖNE, 1995a,b).

Diese Angaben belegen, daß es für Frauen selbstverständlich geworden ist, sich um ihr Gewicht Sorgen zu machen. Das für Frauen heute normale Eßverhalten entpuppt sich als kollektives Diäthalten. Unter physiologischen Gesichtspunkten gesehen ist es weder als gesund zu bezeichnen noch zeugt es von einem verantwortungsvollen, selbstbestimmten Handeln gegenüber dem eigenen Körper.

3.2.3 Bulimie und Ernährungskultur

Vor dem Hintergrund dieser kulturhistorischen Betrachtungen erscheint die Bulimie als junges Glied einer langen Kette. Internalisierte Fremdkontrolle, die zur normierten Selbstkontrolle geworden ist, stellt die jüngste Ausprägung eines langen kulturhistorischen Entwicklungsprozesses des Eßverhaltens dar.

Vor allem die historisch erstmalige Festlegung eines medizinischen Normalgewichts per statistischer Körpergewichtstabelle zeigt sich nach HABERMAS (1990) eng verknüpft mit der Entstehung der Bulimie. Als die immer weiter sinkenden Gewichtsnormen sich schließlich im 20. Jahrhundert zur Alltagsnorm entwickelten, entstand nicht nur eine allgemeine Angst vor Gewichtszunahme, sondern wurde bereits geringes Übergewicht pathologisiert. Es galt als Verstoß gegen die kulturelle Norm und brachte die Notwendigkeit drastischer Mittel zur Gewichtsreduktion, wie beispielsweise strenges Fasten oder Erbrechen, mit sich.

Historisch betrachtet trat die Bulimie auf, als Selbstkontrollansprüche und Diätvorschriften extreme Ausmaße annahmen und die Bedeutungszunahme des Essens zu widersprüchlichen Normen im Umgang mit Nahrung führte. Diese gewachsenen kulturellen Normen bezüglich des Umgangs mit Nahrung leisten einen entscheidenden Beitrag zur Entstehung einer historisch neuen Form extremen Eßverhaltens. Sie sind in übertriebener Form als Symptome der Bulimie wiederzufinden: strenge Selbstkontrollbemühungen bezüglich des Essens (Diät, Erbrechen, Einteilungen in "erlaubte" und "verbotene" Nahrungsmittel etc.), Verinnerlichung fremder Normen (Gewichtstabellen, Körpermaße), Entfremdung von individuellen Bedürfnissen des eigenen Körpers und das Pendeln zwischen Hungern und Überessen.

Das Überessen und Erbrechen als extreme Übertreibungen der kulturellen Normen stehen jedoch zu ihnen ebenso im Gegensatz. Das oberste kulturelle Gebot, die Selbst- und Affektkontrolle, wird nicht mehr erfüllt, und es offenbaren sich statt dessen enorme Eßgelüste. Die Bulimie führt die Norm der Selbstbeherrschung folglich zugleich ad absurdum. Sie zeigt, daß sich der Körper nicht nach rationalen und funktionalistischen Gesichtspunkten beherrschen läßt, sondern eigene Entscheidungen trifft. Indem unsere Kultur die Kontrolle von körperlichen Bedürfnissen wünschenswert und möglich erscheinen läßt, verhindert sie ein Vertrauen in die Regulationsmechanismen des Körpers.

Statt den Eßanfall als Überlebensstrategie eines unterversorgten Körpers und als Ausdruck unterdrückter Bedürfnisse in einer Diätphase zu interpretieren, sprechen bulimische Frauen vom unkontrollierbaren Eßdrang und versuchen, mittels verstärkter Kontrolle ihr Symptom zu bekämpfen versuchen (GRÖNE, 1995b). Somit stellt die Bulimie sowohl Anpassung an als auch Verstoß gegen kulturelle Normen zugleich dar (HABERMAS, 1990; MENNELL & SIMONS, 1989). Statt von pathologischem Eßverhalten zu sprechen, liegt es näher im Sinne KLINGENSPORs (1989) von einem Kontinuummodell auszugehen. Dieses Modell bewertet das bulimische Eßverhalten als extreme Ausprägung eines weitverbreiteten Verhaltensmusters und zieht keine eindeutige Grenze zwischen Erfüllung und Übertreibung kultureller Normen. Es lehnt eine Dichotomisierung in krankes (bulimisches) und gesundes (allgemein übliches) Eßverhalten ab. Das Bemühen diagnostischer Kriterien (siehe Tab.1) um eine klare Trennung von pathologischem und nicht pathologischem Eßverhalten dagegen führt dazu, den alltäglichen Umgang von Frauen mit ihrem Körper als Maßstab für gesundes Eßverhalten darzustellen.

3.3 Zur Geschlechtsspezifik der Bulimie

Der dargestellte Zusammenhang zwischen der Entstehung historisch neuer Symptome extremen Eßverhaltens und den kulturellen Normen unserer Zeit bezüglich der Nahrungsaufnahme liefert erste Erklärungen für die Kultur-, Zeit- und Symptom-, aber kaum für die Alters- und Geschlechtsspezifik der Bulimie. Worin liegen sie begründet?

3.3.1 Kulturhistorische Vergesellschaftung der Frau

Mittels Interpretation philosophischer Quellen stellt FOCKS (1994) die Geschlechtsspezifik der Bulimie mit der kulturhistorischen Entstehung der Geschlechteraufteilung vor dem Hintergrund der rationalistischen Vorstellungswelt im Zeitalter der Aufklärung in Zusammenhang.

Über die Zivilisierung des Eßverhaltens hinaus zeigte sich auf allen kulturellen Ebenen seit Beginn der Aufklärung eine Wandlung vom Fremd- zum Selbstzwang, was rückblickend als Wegbereitung für das beginnende Zeitalter der Industrialisierung interpretiert wird. Das Prinzip der Rationalität gewann die Oberhand. Es beinhaltete Leib-Seele-Trennung, Naturbeherrschung, Ordnung, Kontrolle, Vertreibung von Irrealität und Mystik durch Erklärung und Vernunft. Durch sie sollte die lebendige Vielfalt und Widersprüchlichkeit menschlicher Seinsweisen durchschaubar und kontrollierbar gemacht werden (FOCKS, 1994; HORKHEIMER & ADORNO, 1944; KLEINSPEHN, 1987).

Eine Folge dieses Vernunftdenkens war die neue Angst vor allem nicht Berechenbaren, insbesondere die Angst gegenüber allem Fremden und nicht den rationalen Normen Entsprechenden. Dazu zählten Abhängigkeit von der Natur und von anderen Menschen, Körperlichkeit, Sinnlichkeit, Gefühle, Triebe und Phantasie. Diese nicht kontrollierbaren oder logisch erfaßbaren Anteile des menschlichen Seins wurden mit Hilfe einer rigiden Selbstdisziplin und -kontrolle verleugnet und ausgegrenzt.

Die Geschlechtertrennung stellte eine Variante dieser Bekämpfung ausgegrenzter menschlicher Seinsweisen dar. Die Frau diente als Projektionsfigur, indem die rational unerwünschten Charakteristika auf sie übertragen wurden. Während sie sich so zum Symbol des Andersseins entwickelte, wurde der Mann zum Normalen und Universellen erklärt: Mensch gleich Mann. Vor allem die Gebärfähigkeit der Frau zählte als Begründung für eine Spaltung in Frau/Körper und Mann/Geist (FOCKS, 1994).

Eine entscheidende Bedeutung kam dabei im ausgehenden 18. Jahrhundert der Ablösung der theologischen Legitimation staatlicher Herrschaft zu, was nach der Strukturanalogie von Staat und Familie auch auf die Hausherrschaft übertragen wurde. Da dadurch auch die Ehe den Status eines Vertrages erhielt, kam die Herrschaft des Mannes über die Frau unter Legitimationsdruck. Die Institution Ehe, einst im kirchlichen Sinne ein Arrangement zur Kinderaufzucht und zum gemeinsamen Wirtschaften, wurde von der romantischen Vorstellung der Liebesheirat verdrängt. Zur Rechtfertigung patriarchaler Rollenzuschreibungen wurden nun naturgegebene geschlechtsspezifische Charaktereigenschaften erdacht (HAUSEN, 1978).

HAUSEN (1978) und FOCKS (1994) sehen die deutsche Klassik als Verantwortliche für diese Herausstellung eines angeblichen Naturzwecks der göttlichen Weltordnung von Mann und Frau sowie ihrer entsprechend verschiedenen Naturbegabungen. Vor allem in den höheren Schichten erhielt die Frau gemäß ihrer "natürlichen" Bestimmung die passiv-emotionale und untergeordnete Postion der Gattin, Hausfrau und Mutter im Privaten. Der Mann bekam die aktiv-rationale, überlegene Position des Berufstätigen in der Öffentlichkeit. Auf der einen Seite fanden sich charakteristisch für den Mann Produktions- und Verwaltungstätigkeiten, Selbstbehauptung und Unabhängigkeit. Auf der anderen Seite standen charakteristisch für die Frau Reproduktion, Bedürfnisbefriedigung anderer, Abhängigkeit von männlicher und gesellschaftlicher Anerkennung, Außen- und Fremdorientierung, Mäßigung der Begierden und eigener Bedürfnisse. Diese Gefühls- und Reproduktionspflicht wies der Frau bestimmte normative Gefühle zu und andere verwehrte sie ihr. Mitgefühl war Pflicht, aber Leidenschaften, Undiszipliniertes und Unkontrollierbares wurden ihr nicht gestattet (FOCKS, 1994; HAUSEN, 1978).

Die Konsequenz dieser Polarisierung waren künstliche Rollenzuschreibungen. Das daraus resultierende Modell der Weiblichkeit beschreibt FOCKS (1994) als männlich-rationales Konstrukt. Neben einer ideologischen Absicherung patriarchaler Herrschaft spielten gesellschaftlich-ökonomische Anforderungen des vorindustriellen Zeitalters, insbesondere zum Zweck der sogenannten Arbeitsteilung, dabei eine wichtige Rolle. Familienarbeit der Frau wurde zum Liebesdienst umgedeutet und ebenso wie die geforderte Selbstkontrolle bezüglich verbotener Gefühle zu einer dem weiblichen Wesen entspringenden Bestimmung. Eine weitere Konsequenz dieser Arbeitsteilung und Versorgungspflicht bildete der Erhalt des Küchenmonopols mit seinem engen Bezug zu Nahrungsmitteln (FOCKS, 1994; HAUSEN, 1978).

Die Tatsache, daß die weiblichen Tätigkeiten ausschließlich eine Arbeit für andere darstellten, machte die Frau abhängig von der Anerkennung anderer. Vor allem die Konzentrierung auf den Mann wurde so zum zentralen Moment der künstlichen weiblichen Moral. Als Folge entwickelte sich eine feinste Ausdifferenzierung der weiblichen Wahrnehmungsfähigkeit zum Erspüren der Bedürfnisse und Reaktionen anderer und letzlich zur Korrektur der eigenen Person.

Warum sich Frauen an diesen männlichen Weiblichkeitsmodellen orientierten und sie schließlich verinnerlichten, läßt sich mit dem Verweis auf ihre Machtlosigkeit in der Gesellschaft und ihre Wünsche, auf diese Weise ein Stück am öffentlichen Leben teilhaben zu dürfen, begründen. Doch je mehr sich die Frau mit dem Weiblichkeitsmodell identifizierte, desto ähnlicher wurde ihr Selbstbild diesem Fremdbild und desto mehr mußten alle Eigenschaften, die diesem Bild nicht entsprachen, versteckt werden (FOCKS, 1994).

Starke Orientierung an herrschenden Normen, Abhängigkeit von äußerer Anerkennung oder Ausgrenzung eigener Gefühle und Bedürfnisse haben folglich für Frauen eine lange Tradition und sind verankert in einem männlichen Weiblichkeitskonstrukt, das der Aufrechterhaltung der patriarchalen Herrschaft und dem Aufbau eines patriarchalen Wirtschaftssystems diente. Was also in der Literatur als individuelles Verhaltens- und Gefühlsdefizit bulimischer Frauen beschrieben wird (siehe Abb.2, Tab.4), findet sich historisch betrachtet als kollektive Verhaltens- und Gefühlszuschreibung von Frauen wieder. Ein verinnerlichtes Fremdbild, das zum weiblichen Selbstbild wurde, verhindert die Entwicklung einer selbstbestimmten weiblichen Identität. Es fördert statt dessen die Abhängigkeit von fremden Normen, deren Einhaltung gesellschaftliche Akzeptanz und somit Sicherheit verspricht (FOCKS, 1994).

Diese durch patriarchale Gewalt und patriarchale Herrschaftsstrukturen entstandenen weiblichen Traditionen, zu denen auch die Zuständigkeit für die Ernährung und das Einsetzen des Körpers mittels extremen Eßverhaltens als Ausdrucksmittel zählen, legen die kulturhistorische Grundlage für die Geschlechtsspezifik der Bulimie. Gemeinsam mit der internalisierten Selbstkontrolle bezüglich der Nahrungsaufnahme als jüngste Ausprägung eines Zivilisationsprozesses stellen sie, wie im folgenden deutlich werden wird, die Wegbereitung für die bulimische Symptomatik dar.

Vor diesem Hintergrund stellt sich nun die Frage, warum es gerade in den letzten Jahrzehnten unter jungen Frauen zur Ausbreitung der Bulimie als historisch neue Form von frauenspezifischer Eßstörung kommen konnte.

3.3.2 Veränderte Lebenswelt

Was ist das Besondere an der Gesellschaft unserer Zeit?

BECK (1986) spricht von der heutigen Risikogesellschaft, dem Zeitalter der Verunsicherung und von Bastelexistenzen, KOHLI (1994) von einer Institutionalisierung und Individualisierung des Lebenslaufs, BECK und BECK-GERNSHEIM (1994) von riskanten Freiheiten oder HEINZ (1990) von Chancen der sich wandelnden Normalbiographie. Die soziologische Forschung, insbesondere die Lebenslaufforschung, ist sich vielleicht nicht einig über seine Bewertung, postuliert aber einstimmig den normativen gesellschaftlichen Wandel, der sich seit etwa zwanzig Jahren vollzieht.

Gekennzeichnet ist diese veränderte Gesellschaft dadurch, daß die traditionelle Lebensführung keine Geltung mehr besitzt. Die Vorstellung vom Leben als individuellem Projekt löst die Individuen aus den ökonomischen, personalen und ständischen Bindungen der vorindustriellen Gesellschaft. Statt dessen werden sie eingebunden in institutionell vermittelte Beziehungen und in neue Lebenslaufmodelle. Das Leben bewegt sich heute entlang der Achse der individuellen Lebenszeit und wird dabei durch das Handeln des einzelnen im Rahmen der Vorgaben sozialer Institutionen strukturiert. Die moderne Lebensplanung realisiert sich in der alltäglichen Lebensführung. Methodisch-rational strukturiert ist sie Bedingung für die Plan- und Kontrollierbarkeit der eigenen Biographie. Das bedeutet nicht nur Freisetzung aus traditionellen Bindungen, sondern auch die Zunahme von Innenlenkung und Selbstkontrolle (GEISLER & OECHSLE, 1994).

Die Institutionalisierung und Individualisierung des privaten und beruflichen Lebenslaufs bringen mit ihrer Vielfalt von Möglichkeiten zur Autonomie, Selbstbestimmung und persönlichen Freiheit auch eine Fülle von Unsicherheiten und Diskontinuitäten mit sich. Besonders gestiegen sind die Risiken des Kontrollverlustes, wie zum Beispiel sozialer Abstieg durch Krankheit, Arbeitslosigkeit oder Scheidung. Durch diese Loslösung einst vorgegebener Bindungen wie auch die Entkoppelung und Ausdifferenzierung der einst in Familie und Ehe zusammengefaßten Lebens- und Verhaltenselemente sind sowohl Wahlmöglichkeiten als auch Wahlzwänge aufgebrochen. Jede Entscheidung erfordert heute eine individuelle Legitimation (BECK, 1986).

KOHLI (1994) spricht in diesem Zusammenhang von einem postmodernen Zwang zur subjektiven Lebensführung. Das Individuum ist auf sich selber verwiesen, und die eigene Individualität hat größte Bedeutung. Flexibilität, Selbstbewußtsein, Selbstreflexion und Selbsterfahrung gelten als zentrale Aufgaben zur Arbeit an der eigenen Persönlichkeit. Damit einher geht eine neue Kontinuitätsorientierung: statt stabiler Zugehörigkeit wird die immer wieder neue Ausrichtung biographischer Verläufe und Ziele zur Kontinuität und zum besonderen Wert.

STAHR ET AL. (1995) nennen vor allem den Zwang zur permanenten Selbstkontrolle und Selbstverwirklichung eine Begleiterscheinung des individualisierten Zeitalters. Das auf sich selbst zurückgeworfene und sozial isolierte Individuum ist besonders anfällig für neue Ideologien und Zwänge, die von ihm Leistungsfähigkeit, Mobilität, körperliche Schönheit und autonome Selbstrepräsentation verlangen. Die neue Norm des Individualismus hat jedoch entscheidende Auswirkungen auf die Identität. Da identitätsstiftende Kollektivnormen nicht mehr bestehen, wird die persönliche Sicherheit und Orientierung des Individuums zunehmend bedeutsamer. Die Suche nach Identität wird so immer entscheidender für die Stabilisierung des eigenen Lebens.

Was bedeuten diese Veränderungen für den weiblichen Lebenszusammenhang?

Doppelte Sozialisation der Frau

Seit den letzten zwanzig Jahren verändert sich die Lebenssituation von Frauen vor dem dargestellten Hintergrund in besonderer Weise. Neben der weitgehenden rechtlichen Gleichstellung von Mann und Frau ist die Angleichung in den Bildungschancen das hervorstechendste Ereignis dieser gesellschaftlichen Umbruchphase. Noch zu Beginn der sechziger Jahre gab es eine deutliche Benachteiligung von Mädchen in der Ausbildung, heute machen bereits mehr Mädchen als Jungen das Abitur.

Ehe und Familie gelten für junge Frauen nicht mehr als wichtigste Bezugspunkte und als sichere Garantie für eine lebenslange Versorgung. Frauen werden heute selbstverständlich auf beide Seiten, Beruf und Familie, sozialisiert. Die doppelte Lebensplanung ist zum bevorzugten Modell junger Frauen geworden, womit gesellschaftliche Arbeitsteilung und patriarchale Herrschaftsstrukturen in Frage gestellt werden. Alternative und individuelle Lebensplanung wird auch für Frauen scheinbar realisierbarer. Junge Frauen stehen somit heute vor einer neuen Realität, die eigenes Handeln, Planen und eigene Strategien zur Durchsetzung individueller Lebensvorstellungen erforderlich machen (BECK, 1986; GEISLER & OECHSLE, 1994; SCHIERSMANN, 1991).

Doch die neuen Chancen zur eigenen Lebensgestaltung haben die alten Rollenerwartungen nicht abgelöst. HERING und RIETSCHEL (1995) stellten in einer Studie fest, daß bereits acht- bis zwölfjährige Kinder mit traditionellen Rollenklischees antworten, wenn sie nach besonderen Fähigkeiten von Jungen und Mädchen gefragt werden. Auch nach ROOT ET AL. (1986) fördert der gesellschaftliche und familiäre Sozialisationsprozeß noch immer bei Frauen passiv-abwartendes Verhalten, Hilflosigkeit, Orientierung an anderen und Selbstaufopferung. Frauen werden weiterhin sozialisiert, sich weniger kompetent, intelligent, bestimmend und durchsetzend zu verhalten. Gutes Zuhören, freundliche Pflege, Rücksichtnahme und Verständnis werden erwartet. Nach GRÖNE (1995b) bilden diese kulturhistorischen Traditionen immer noch den Orientierungsrahmen für das Verhalten, Wahrnehmen, Denken, Entscheiden und Fühlen von Frauen.

Aber individualisierte Lebenswelt und Berufsorientierung setzen heute verstärkt traditionell männliche Eigenschaften voraus, die folglich ein immer größeres gesellschaftliches Ansehen genießen als traditionell weibliche. Zu diesen kulturell erwünschten Eigenschaften zählen Selbstbewußtsein, Durchsetzungsvermögen, Konkurrenzfähigkeit und eine kontrollierte methodisch-rationale Lebensplanung, die vor allem Unabhängigkeit, Selbständigkeit und das Setzen eigener Maßstäbe beinhaltet. Sie sind für junge Frauen heute ebenso gesellschaftliche Norm wie die Zuständigkeit für Haushalt und Familie, die traditionelle weibliche Eigenschaften erwartet, zur verstärkten Orientierung an fremden Normen und zur Abhängigkeit von der Anerkennung anderer führt (FOCKS, 1994).

Erschwert wird ein angemessener Umgang mit diesen widersprüchlichen Anforderungen durch eine fehlende gesellschaftliche Absicherung der Parallelität von Beruf und Familie. Die Einführung von Mutterschaftsurlaub oder flexiblen Arbeitszeiten entlasten die Frauen vielleicht in ihrer Doppelrolle, ändern aber nicht die innerfamiliäre Arbeitsteilung. So werden traditionelle Rollen durch sozialpolitische Maßnahmen eher verfestigt. Weiterhin besteht eine den Frauen zugeschriebene und von ihnen akzeptierte Verantwortlichkeit für Haushalt und Familie, wodurch sie den Löwenanteil gesamtgesellschaftlicher Arbeit leisten. Überhöhte eigene Anforderungen, Leitbilderkonflikte, widersprüchliche Erwartungen, körperliche und psychische Überlastung sind die Folgen (BECK, 1986; BORN & KRÜGER, 1993; GEISLER & OECHSLE, 1994; KRÜGER & BORN, 1990; KRÜLL, 1995; NUBER, 1997; SÖRENSEN, 1990).

Die gefragten Eigenschaften und Verhaltensweisen des individualisierten Zeitalters stellen eine anspruchsvolle Variante traditionell männlicher Rollenstereotypen dar. Für die Frau heißt es folglich, sich neue Fähigkeiten anzueignen, die im krassen Gegensatz zu ihren traditionellen Rollenzuschreibungen stehen. Das patriarchal-gesellschaftliche Interesse an dieser Doppelorientierung ist groß, da durch sie die Frau zur flexiblen Ressource für den Arbeitsmarkt wird, ohne daß die geschlechtsspezifische Rollenzuschreibung, die die Basis der Industriegesellschaft darstellt, gefährdet wird (BECK, 1986; KNAPP, 1990; KRÜLL, 1995).

Alte Wertorientierungen zeigen sich folglich heute im neuen Gewand. Immer noch geht es für junge Frauen um die Erfüllung fremder Normen, die heute durch eine historisch neue Widersprüchlichkeit gekennzeichnet sind. Die kulturhistorische Fremdbestimmung der Frau wird fortgesetzt. Ihre Identität bleibt nach patriarchalen Normen geformt (FOCKS, 1994). Im Zeitalter der Individualisierung eröffnen sich zwar für die junge Frau neue Chancen, aber zugleich steigen die Ansprüche an ihre Person bis zur Überforderung und erschweren ihr die Entwicklung einer stabilen Identität. Die Gewalt, die Mädchen und Frauen heute erleben, ist vielleicht auf den ersten Blick nicht mehr so direkt sichtbar, doch sie findet sich immer noch deutlich in der alltäglichen postmodernen Normalität wieder.

Welcher Zusammenhang besteht nun zwischen diesen widersprüchlichen Entwicklungsanforderungen an junge Frauen und der Bulimie?

3.3.3 Bulimie als Lösungsversuch

Das Erziehungsideal im westlichen Kulturkreis beinhaltet schon früh eine Ab- und Umgewöhnung natürlicher Handlungs- und Gefühlsimpulse (KRÄMER, 1988; LIEDLOFF, 1992) und steht mit den kulturellen Normen der Rationalität, Selbstdisziplin und Körperkontrolle in Einklang. MILLER (1983) beschreibt diesen Erziehungsstil unserer Kultur als elterlichen Kindesmißbrauch. Das Kind lernt weder eigene Bedürfnisse und Gefühle wahrzunehmen und auszudrücken noch eigene Interessen zu verteidigen. Aus Angst vor elterlichem Liebesverlust lernt es statt dessen von Beginn an, die Wünsche der Eltern als seine eigenen zu erleben, ihre Erwartungen zu erfüllen und eigenen Belangen gegenüber unsicher zu sein. Zum Erhalt elterlicher Anerkennung wählt es statt Autonomie die Anpassung und in Konfliktsituationen defensive Lösungstrategien, die keine elterliche Strafe zur Folge haben.

Diese Mißachtung des kindlichen Ichs innerhalb der Familie gilt in besonderer Weise für Mädchen. Sie ist die Folge einer innerfamiliären Geschlechtsrollenorientierung, die zu einer Polarisierung und Hierarchisierung menschlicher Seinsweisen führt. Bestimmte Eigenschaften und Verhaltensweisen werden Mädchen zugesprochen und andere ihnen verwehrt. Da Lust, Aggression und Selbstbehauptung nicht den Weiblichkeitsvorstellungen entsprechen, lernen sie diese Verhaltensweisen ausgrenzen und sich dem gewünschten Bild eines Mädchens anzupassen (BENJAMIN, 1989; FOCKS, 1994).

Diese konservative Geschlechtsrollenorientierung stellt nach einer Studie von HERING und RIETSCHEL (1995) wie zu Biedermeiers Zeiten die Norm in deutschen Familien dar. Eine Auflösung von innerfamiliärer traditionell geschlechtsspezifischer Arbeitsteilung und Eigenschaftszuschreibung hat in ihnen bislang nicht stattgefunden.

ORBACH (1991) zeigt auf, daß bereits früh Entbehrung und Frustration eigener Bedürfnisse durch eine frühkindliche Deprivation aufgrund kürzerer Stillzeiten zu mädchentypischen Lernerfahrungen werden. So verlieren Mädchen von Beginn an den direkten und angemessenen Ausdruck für das, was sie fühlen und brauchen. Statt Selbstbehauptung entwickeln sie eine Abhängigkeit von fremder Anerkennung (BENJAMIN, 1989; FOCKS, 1994; TRÜCK, 1996).

Versorgungsbereitschaft, Empathie und Zurücknahme eigener Gefühle und Bedürfnisse heißen noch immer die mädchenspezifischen Erziehungsinhalte. Nur über die Erfüllung fremder Interessen scheint sich ihr persönlicher Wert zu definieren und Liebe, Anerkennung und Wertschätzung erreichbar zu werden. Diese Erfüllung fremder Ansprüche und äußerer Normen entwickelt sich zur Überlebensstrategie. Die Folgen sind ein übermäßiger Selbstanspruch, Minderwertigkeitsgefühle und eine große Abhängigkeit vom Lob anderer. So wird Mädchen weder Flexibilität und Vielgestaltigkeit hinsichtlich der Geschlechtsrollen ermöglicht noch das Finden einer stabilen Ich-Identität (FOCKS, 1994; KRÄMER, 1988).

FOCKS (1994) findet bei der Rekonstruktion der frühen Entwicklung bulimischer Frauen diese Strukturen in ihren Familien deutlich wieder, denn sie zeichnen sich durch eine verstärkte Normenkonformität, insbesondere bezüglich der Geschlechtsrollennormen, aus (siehe Tab.5). Die psychischen Charakteristika bulimischer

Frauen lassen sich als Folge dieser geschlechtsspezifischen Erziehungsnormen interpretieren (siehe Tab.4).

Der Vater bulimischer Frauen war aufgrund seiner Berufstätigkeit in der Regel emotional und physisch abwesend. Die Mutter erlebte ihre Selbstentwicklung zumeist als defizitär, so daß das Zurückstellen eigener Bedürfnisse bereits bei ihr ein stark ausgeprägtes Verhaltensmerkmal darstellte. Häufig traten ihre eigenen Zielsetzungen (z.b. Berufstätigkeit) zugunsten ihrer Mutterrolle in den Hintergrund. Selbst bei beibehaltener Berufstätigkeit galt diese oft nur als Zuarbeit zum Verdienst ihres Ehemannes. Selbstverwirklichung und die Befriedigung eigener Wünsche konzentrierten sich verstärkt auf die Familie, je weniger der Mutter andere gesellschaftliche Formen zur Selbstrealisation zur Verfügung standen.

Die Konsequenzen dieser beschnittenen und eingeschränkten Lebensführung waren eine emotionale Überbesetzung bis hin zur Vereinnahmung der Tochter als Selbstobjekt und eine Abhängigkeit von einer perfekten familiären Außenfassade. Die Mutter brauchte nun die Tochter zur Bestätigung ihrer eigenen Rollenanpassung und konnte über die Abhängigkeit der Tochter ihre eigene Bedürftigkeit kompensieren. Somit erhielt die Tochter die Funktion einer emotionalen Stütze für dieses entwicklungshemmende, patriarchale Familiensystem (FOCKS, 1994; GAST, 1985).

Nach FOCKS (1994) stellen folglich die ausdifferenzierte Wahrnehmungsfähigkeit bulimischer Frauen, die der Erfüllung fremder Erwartungen dient, und das Zurücknehmen der eigenen Person früh entwickelte Überlebensstrategien innerhalb dieser familiären Strukturen dar. Gefühls- und Bedürfniswahrnehmung, Selbstausdruck, Selbstbehauptung, Autonomie und Konfliktfähigkeit galten als Gefährdung und Verstoß gegen die familiären Normen und zählen dadurch nicht zu ihren Verhaltensoptionen und Bewältigungsressourcen.

Angesichts der historisch neuen und widersprüchlichen gesellschaftlichen Entwicklungsanforderungen an junge Frauen erweist sich das Fehlen dieser traditionell männlichen Bewältigungsstrategien jedoch als Stolperstein. Die heutige Generation junger Frauen versucht nach GRÖNE (1995b) mit alter, traditionell weiblicher Landkarte durch eine veränderte Landschaft zu fahren. Mit den gesellschaftlichen Veränderungen vollzog sich außerdem ein Riß zwischen den Generationen. Auf Vorbilder, Ideale, familiäre oder gesellschaftliche Unterstützung zum Umgang mit den neuen Anforderungen kann nicht zurückgegriffen werden.

In der Widersprüchlichkeit dieser traditionslosen Entwicklungsanforderungen sieht GRÖNE (1995a,b) die Ursache für die Entwicklung einer bulimischen Symptomatik. Wenn Frauen die Forderungen der postmodernen Gesellschaft annehmen und sich mit Rückgriff auf traditionelle weibliche Verhaltensmuster bemühen, ihnen allen gerecht zu werden, ist ein Scheitern unvermeidbar. ROOT ET AL. (1986) nennen als typisches Merkmal bulimischer Frauen dieses Bemühen, "Superfrau" zu sein, die alle Erwartungen ohne Rücksicht auf eigene Bedürfnisse perfekt erfüllt. Nach FOCKS (1994) versucht die bulimische Frau in kulturhistorisch konstruierter weiblicher Weise so zu sein, wie sie heute sein soll - ohne Rücksicht auf die Unvereinbarkeit dieser "Soll-Orientierungen".

Die Bulimie ist folglich weder Ausdruck einer Überanpassung an die weibliche Rolle (z.B. BOSKIND-LODAHL, 1976) noch einer Ablehnung der weiblichen Rolle (z.B. JACOBY, 1992; SCHULTE & BÖHME-BLOEM, 1990). Es handelt sich statt dessen um den Versuch, alle widersprüchlichen Erwartungen zu erfüllen, die an die moderne junge Frau gerichtet werden. Dazu zählen sowohl traditionell weibliche und männliche als auch feministische Rollenanforderungen.

Innerhalb dieser Ambivalenzen stellt das Einhalten der Schlankheitsnorm die einzig klar definierte, widerspruchsfreie Norm dar. In dieser instabilen Lebenssituation verspricht es Kontrolle, Orientierung an einem festen Bezugspunkt, gesellschaftliche Akzeptanz und somit auf altbewährte Weise Sicherheit (KLINGENSPOR, 1989). Nach GRÖNE (1995a) wird die Bulimie dann zum Ausweg aus diesem Dilemma, wenn verstärkt solche weiblichen Lösungsstrategien wie Einfühlsamkeit, Rücksichtnahme und Bedürfnislosigkeit angewandt werden. Statt diese Prämissen in Frage zu stellen, stellt die junge Frau sich schließlich selbst in Frage. Die Konsequenzen sind Selbstabwertungen und Selbstzweifel.

An diesem Punkt bietet die Bulimie eine scheinbar passende Lösungsmöglichkeit. Der Versuch die perfekte Frau zu sein, kann nach außen fortgesetzt werden. Selbstzweifel, Autonomiewünsche und andere unterdrückte Bedürfnisse und Gefühle lassen sich hinter geschlossener Tür für die Zeit des Eßanfalls bewältigen. Da bereits im Säuglingsalter eine Verknüpfung von Essen mit der Befriedigung emotionaler Bedürfnisse unterstützt wird (KRÄMER, 1988) und sich Emotionen auf biologischer Ebene mit Nahrung regulieren lassen (GRUNERT, 1993, WATERHOUSE, 1995), bietet sich gerade das übermäßige Essen als Mittel zur Gefühlskompensation an.

Eine Bestätigung erfährt diese Theorie durch Ergebnisse einer empirischen Untersuchung von KLINGENSPOR (1989). Sie stellt fest, daß wenig Unterschiede bezüglich traditioneller weiblicher Geschlechtsrollenorientierung zwischen bulimischen und nicht bulimischen Frauen bestehen. Aber erstere zeigen eine deutlich geringere Identifikation mit sogenannten männlichen Verhaltensoptionen. Die Frauen mit ausbalancierter Orientierung zwischen weiblichen und männlichen Stereotypen messen der körperlichen Attraktivität wenig Bedeutung bei und können Abweichungen von der Körpernorm ohne Selbstwertverlust hinnehmen.

Ihnen gelingt es, die positiven Seiten der Weiblichkeitsstereotypen auszuleben und die negativen, wie Abhängigkeit oder Zurückstellen eigener Bedürfnisse, nicht anzunehmen. Die bulimischen Frauen mit ihrer einseitigen Tendenz zu weiblichen Geschlechtsrollenstereotypen zeigen dagegen eine verstärkte Anpassung an Schlankheitsideale, eine damit verbundene Körperunzufriedenheit und vermindertes Selbstwertgefühl. Diese Ergebnisse veranlassen KLINGENSPOR (1989) zu der Aussage, daß geschlechtstypisierte Frauen die Risikogruppe der Bulimie darstellen.

Zusammenfassend kann festgehalten werden, daß junge Frauen heute mit traditionslosen, widersprüchlichen Entwicklungsanforderungen konfrontiert werden, deren Erfüllung unmöglich geworden ist. Für die Bewältigung dieses Dilemmas sind sie aufgrund einer geschlechtsspezifischen Erziehungsnorm, die auf patriarchalen kulturhistorischen Weiblichkeitskonstrukten basiert, schlecht ausgerüstet. Mit der Pubertät beginnt folglich für junge Frauen eine Lebensphase, die durch überhöhte Anforderungen, Instabilitäten und Unsicherheiten gekennzeichnet ist. Mögliche individuelle Belastungen (z.B. Verlusterlebnisse, sexueller Mißbrauch) können diese Entwicklungsphase zusätzlich erschweren. Wird angesichts dieses Dilemmas ausschließlich auf traditionelle weibliche Bewältigungsstrategien zurückgegriffen, ist das Risiko zur Entwicklung einer Bulimie hoch. Eine entwicklungshemmende familiäre Situation, die in engem Zusammenhang mit patriarchalen Gesellschaftsstrukturen steht, bedingt diese folgenschwere einseitige Geschlechtsrollenorientierung. Da jedoch unser Wirtschaftssystem darauf aufbaut, die Reproduktionsarbeit in der Familie weiterhin der Frau zuzuschreiben, liegt nach KRÜLL (1995) das gesellschaftliche Interesse in der Sicherung dieser geschlechtspolarisierenden Arbeitsteilung, die nach HERING und RIETSCHEL (1995) eine fortbestehende Geschlechtsrollentypisierung unterstützt, welche nach KLINGENSPOR (1989) als entscheidendster Faktor für die Entwicklung einer Bulimie gilt. Der vor allem in psychoanalytisch orientierten Veröffentlichungen als Ursache der Bulimie beschriebene Mutter-Tochter-Konflikt (siehe 2.5.3) und Charakterbeschreibungen der Mutter wie die von SCHWARTZ ET AL. (1985, siehe 2.5.2) entpuppen sich somit als eine Folge patriarchaler Gesellschaftsstrukturen.

Daß die Symptomwahl bulimischer Frauen nicht nur innerhalb geschlechtshierarchischer Strukturen und durch heutige Einstellungen gegenüber der Nahrungsaufnahme verständlich wird, sondern auch in engem Zusammenhang mit kulturell-gesellschaftlichen Einstellungen gegenüber dem weiblichen Körper steht, soll im folgenden aufgezeigt werden.

3.4 Zur Bedeutung des weiblichen Körpers

Ein Blick auf die kulturhistorische Entstehung und Entwicklung der Geschlechtsrollen, die Darstellung der heutigen doppelten Sozialisation und die Einbettung der individuellen Familiensituation in ihren gesellschaftlichen Kontext ermöglichte eine Erklärung der besonderen Abhängigkeit und Orientierung von Frauen an kulturellen Normen, insbesondere den Weiblichkeitsnormen. Eine besondere Rolle nehmen dabei die Körpernormen ein, was sich bei bulimischen Frauen in ihrer Angst vor dem Dicksein widerspiegelt.

Im folgenden sollen weitere Antworten auf die Fragen nach der Kultur-, Zeit-, Symptom-, Alters- und Geschlechtsspezifik der Bulimie anhand einer Betrachtung des weiblichen Körpers im Lauf der Geschichte gefunden werden.

3.4.1 Kulturhistorische Vergesellschaftung des weiblichen Körpers

Die frauenspezifische Bezogenheit auf Schönheitsideale ist eine Folge der dargestellten geschlechtshierarchischen Strukturen und Rollenzuweisungen. Beschnittene Ausdrucksmöglichkeiten und Lebensformen ließen für die Frau den Körper zu einem Ort des Ausdrucks weiblichen Seins werden (BRÖKLING, 1991; FOCKS, 1994; STAHR ET AL., 1995).

Was HUGHES (1993) bereits bezüglich mittelalterlicher Modeerscheinungen feststellt, läßt sich zeitlich ausdehnen: Für Frauen bedeutete das aktive Eingreifen in das Spiel der Mode auch eine Möglichkeit zur Selbstdefinition. Durch ihr äußeres Erscheinungsbild gewannen sie eine gewisse Einflußnahme auf soziale Distinktion und nach GEBAUER (1982) im kleinen auf gesellschaftliche Prozesse. Ein ebenfalls aufschlußreicher Gedanke ist HUGHES (1993) Vermutung, daß in dem Moment der Phantasie der große Anziehungspunkt der Mode für die in ihrer persönlichen Freiheit eingeschränkten Frauen lag. Vor allem der Körper ermöglichte ihnen ein Stück Selbstrepräsentation: mittels Kleidung, Frisuren bis hin zur Nahrungsverweigerung (HABERMAS, 1990).

Die Schönheitsvorstellungen des weiblichen Körpers wurden im Laufe der Jahrhunderte immer wieder geändert. Waren einst Becken, Taille oder Brust im modischen Blickfeld, so ist es heute der gesamte Körper mit seinem schlanken, sportlichen Ideal. Es änderte sich jedoch nicht die enge Verknüpfung von weiblichem Körper mit männlicher Politik und Herrschaft (HABERMAS, 1990;

HUGHES, 1993; KLEINSPEHN, 1987; KOCH, 1988; ROUSSELLE, 1993; STAHR ET AL., 1995).

BROWNMILLER (1984) hält die verschiedenen Mittel zur Verschönerung des weiblichen Körpers, zum Beispiel Tournüre, Schnüren der Taille, Korsett, Stöckelschuhe oder Minirock, für Freiheitseinschränkungen zur Schwächung der weiblichen Kraft. Als weiteres Beispiel sei die Funktion des Korsetts genannt, welches im 16. Jahrhundert seinen Einzug in den Wäscheschrank der Frau nahm und ihn mit kleinen Unterbrechungen erst zu Beginn des 20. Jahrhunderts wieder verließ. Zuerst als Stütze zur Aufrechthaltung gedacht, wurde es bald zum beherrschenden Instrument, um die weibliche Figur dem Körperideal anzupassen. Das Körperideal war wiederum seinerseits eng verknüpft mit der Geschlechterpolitik. So betonte das Korsett in der Zeit des Bürgertums vor allem den üppigen Busen und das ausladende Becken, was mit der Festschreibung der Frau auf Familienleben und Mutterschaft in dieser Zeit einhergeht (BROWNMILLER, 1984; HABERMAS, 1990; KLEINSPEHN, 1987; STAHR ET AL., 1995).

Als abschließendes Beispiel für die Vergesellschaftung des weiblichen Körpers in der Geschichte sei BROWNMILLERs (1984) Hinweis auf die mütterliche Figur, insbesondere große Brüste, angegeben, die in den konservativen fünfziger Jahren dieses Jahrhunderts das Ideal darstellten, um das Hausfrauendasein attraktiver scheinen zu lassen. In Zeiten feministischer Aktivitäten und verstärkter Berufstätigkeit von Frauen, beispielsweise in den zwanziger und siebziger Jahren, propagierte die Mode hingegen den flachen Busen und den schlanken Körper (HABERMAS, 1990; KOCH, 1988).

Heute ist die gesellschaftliche Vermarktung des weiblichen Körpers und sein Objektstatus besonders sichtbar in den Medien, wo er nach GAST (1985) als Konsumgegenstand und Fetisch dargestellt wird.

Schlankheitsnormen

Neben dem Aspekt der Vergesellschaftung des weiblichen Körpers zur Sicherung patriarchaler Strukturen stellt sich außerdem die Frage, ob Schlankheit als Schönheitsideal eine moderne Forderung an Frauen darstellt. GNIECH (1995) verweist in diesem Zusammenhang auf die füllige Venus von Willendorf (ca. 30000 Jahre v.Chr.). ALIABADI und DAUB (1986) zeigen Gemälde und Zeichnungen des 15. bis 19. Jahrhunderts, auf denen nach heutigen Maßstäben als dick eingestufte Frauen dargestellt sind.

HABERMAS (1990) stellt bei der Betrachtung entsprechender historischer Schriften fest, daß sich darin der Begriff *schlank* auf jeweils herrschende Normen bezieht. Eine konsistente Geschichte der Schlankheit läßt sich demnach nicht erstellen. Es zeigt sich jedoch, daß in der gesamten Neuzeit ein als dick empfundener Körper nie der Vorstellung von großer Schönheit entsprach. Statt dessen galt das Ideal des harmonisch wohlgeformten Körpers. Vor allem die Mode der oberen Schichten propagierte eine Verkleinerung der Taille und eine Hervorhebung von Brüste und Becken, wobei sich diese historische Form von Schlankheit immer auf den bekleideten, durch das Korsett gestützten Körper bezog.

Der enorme Bedeutungszuwachs der weiblichen Schönheit und Schlankheit entwickelte sich erst seit dem Aufkommen der Liebesheirat im ausgehenden 18. Jahrhundert. Ihr Aussehen erlaubte nun Rückschlüsse auf die Frau selbst. Kulturell unerwünschtes Essen über die Norm hinaus, welches am Körper sichtbar und meßbar wurde, verformte sich nun zur Charaktereigenschaft der Frau. In dieser Entwicklung deutet sich die Wegbereitung für die spätere Psychiatrisierung von Eßstörungen an: ein den Normen nach dicker Körper zeugt nun von einer süchtigen, unbeherrschten Persönlichkeit (KLEINSPEHN, 1987).

Erst zu Beginn dieses Jahrhunderts konstelliert sich das Ideal des dünnen, flachen Körpers mit einer deakzentuierten Taille. Während also die historischen Schlankheitsvorstellungen moderater waren und sich durch stützende, äußerliche Hilfsmittel erreichen ließen, bezieht sich das heutige Schlankheitsideal auf den nackten Körper, der mittels innengelenkter Hilfsmittel, wie kontrollierter Nahrungsaufnahme oder Fitneßtraining, modelliert werden muß (HABERMAS, 1990).

Den Körper als selbstrepräsentatives Ausdrucksmittel zu benutzen, als Möglichkeit zu etwas gesellschaftlicher Einflußnahme oder zum Ausleben von Phantasien hat schlußfolgernd aufgrund geschlechtshierarchischer Strukturen eine ebenso lange weibliche Tradition wie die Vergesellschaftung des weiblichen Körpers zum Zwecke der Sicherung patriarchaler Strukturen. Wenn auch das Korsett mit den zwanziger Jahren seinen Abschied nahm, so erfüllt heute die Selbstkontrolle mittels Diäthalten seine Funktion der Körperformung und setzt die lange Tradition der Normierung, Fremdbestimmung und Vergesellschaftung des weiblichen Körpers fort (BROWNMILLER, 1984; HABERMAS, 1990; KLEINSPEHN, 1987). Der Aufbruch von Frauen in einst männliche Bereiche geht also, wie im folgenden dargestellt, mit einer Zuspitzung ihrer Körpernormen einher.

3.4.2 Im Zeitalter des Körperkults

Einigkeit besteht innerhalb der Literatur über eine Ästhetisierung und Normierung des Körpers in den letzten Jahrzehnten, die im Zuge der dargelegten kulturhistorischen Prozesse entstanden sind. Der Prozeß der Rationalisierung, Mechanisierung und Funktionalisierung der Lebenswelt und die Wünsche nach Kontrollierbarkeit und Berechenbarkeit werden nicht nur in der Disziplinierung des Eßverhaltens, sondern auch in den Körpernormen sichtbar (z.B. HABERMAS, 1990; KAMPER & WULF, 1982; KLEINSPEHN, 1987; MENNELL & SIMONS, 1989).

MITCHELL (1989) spricht vom obsessiven Körperkult, der sich vor allem im Fitneßrausch widerspiegelt. KÄMMERER (1989a) nennt Schlankheit die universelle Idealvorstellung des Körpers. SCHULTE und BÖHME-BLOEM (1990) nennen das postmoderne Körperbewußtsein eine Art fröhliche, braungebrannte, gesunde, durchtrainierte Surf- und Bodykultur. GRAFWEG (1994) hält die allgegenwärtige Forderung nach einer makellosen Figur mit starken Muskeln und straffen Bauch für den Ausdruck eines Fitneß- und Jugendlichkeitwahns. Diese Verherrlichung der Jugendlichkeit, Sportlichkeit und Fitneß steckt nach DILTHEY (1991) hinter dem Ideal der gesund aussehenden Fassade äußerlicher Attraktivität. WARDETZKI (1992) hält Jugend, Schönheit, Fitneß und Schlankheit für die zentralen Werte und Ziele unserer Gesellschaft. Heute stylt jeder den eigenen Body: Fitneß, Wellneß, Natürlichkeit - unsere hyperindividualistische postmoderne Körperkultur ist eine fleischgewordene Synthese aus Gesundheit, Ästhetik und Hygiene, heißt es bei GOSMANN (1996). STAHR ET AL. (1995) sprechen vom heutigen Körper als Objekt öffentlicher Begutachtung und als Mittel zur Inszenierung über unterschiedlichste Präsentationsmittel und -techniken, wobei der Erfolg dieser Selbstdarstellung von der Reaktion anderer abhängig ist. KLEINSPEHN (1987) stellt fest, daß sich dieses Schönheitsideal nur noch durch die Zurücknahme von Körperlichkeit erreichen läßt: durch gezügeltes Essen, Körpertraining oder Körperpflege. GNIECH (1995) spricht von Schönheit als Wert, der das öffentliche Ansehen beeinflußt und stellt fest, daß über die Körpergestalt zugleich Rückschlüsse auf die Persönlichkeit des Menschen gezogen werden. Schlanke Menschen gelten als selbstbeherrscht und charakterfest.

Diese Beispiele aus der Literatur verdeutlichen, daß heute das Visuelle zum Maßstab gesellschaftlicher Akzeptanz geworden ist. Das Aussehen hat eine enorm hohe Bedeutung erreicht. Oberste Norm ist dabei die Schlankheit. Der Schlüssel zum Erfolg heißt Selbstdisziplin bezüglich Nahrungsaufnahme und sportlicher Betätigung (HABERMAS, 1990; MENNELL & SIMONS, 1989).

Es liegt die Vermutung nahe, daß diese Normierung des Körpers und der Bedeutungszuwachs des Aussehens durch das Fernsehens forciert wird. Als visuelles Medium eignet es sich in spezifischer Weise zur Vermittlung kultureller Normen, die das äußere Erscheinungsbild des Menschen betreffen. Täglich in das Wohnzimmer nahezu jeden Individuums transportiert, erlangen sie leicht allgemeine Gültigkeit und werden schnell zu internalisierten Normen. Nicht ohne Grund genießen Fotomodelle und Filmschauspieler höchstes öffentliches Ansehen und befinden sich an der Spitze der sozialen Werteskala.

Diese Vermutung bietet auch eine Erklärung für HABERMAS (1990) Feststellung, daß die Selbstkontrolle bezüglich der Nahrungsaufnahme erst heute für Frauen zur verbindlichen Selbstverständlichkeit geworden ist, obwohl das heutige Schlankheitsideal sich weniger streng als zu Beginn der siebziger Jahre gestaltet. Es bleibt jedoch eine Annahme, ob die täglich via Fernsehschirm hereinströmende "Vorbilderflut" genormter Körper den Anspruch an das Aussehen des individuellen Körpers hat ansteigen und Diäthalten zur Selbstverständlichkeit hat werden lassen.

Wie läßt sich nun erklären, daß diese Anforderung immer noch zuerst an Frauen gerichtet wird?

Geschlechtsspezifische Körpernormierung

Daß der Schönheitskult heute verstärkt auch die Männer betrifft, zeigt sich an der Zunahme entsprechender Marktangebote (z.B. Kosmetika für Männer) und an der veränderten, ästhetisierten Darstellung des perfekten männlichen Körpers in der Werbung. Dies findet seinen Niederschlag in einer zunehmenden Verunsicherung der Männer, wenn sie dem Ideal des neuen Männerbildes, schlank und muskulös, nicht entsprechen (GRAFWEG, 1994; MOHR, 1996). Besteht also in der heutigen Gesellschaft keine geschlechtsspezifische Differenz mehr bezüglich der Normierung und Ästhetisierung des Körpers und dem Bedeutungszuwachs des Aussehens?

Trotz zugenommenem Körperbewußtseins der Männer bleibt Schönheit, Schlankheit, Anmut und Jugendlichkeit zuerst eine Erwartung an die Frau. So zeigt eine Studie, daß fast nur halb so viele Frauen als Männer im Fernsehen für älter als 50 Jahre gehalten werden, und die Wahrscheinlichkeit auf dem Bildschirm eine erotisch gekleidete Frau statt einen Mann mit entsprechendem Äußeren zu finden, war ebenfalls größer (NUBER, 1995).

Schönheit, Schlankheit, Anmut und Jugend haben für Frauen weiterhin einen höheren Stellenwert und bedeuten für sie weitaus mehr als für Männer die Sicherheit eines vertrauten Images. Sie gewähren ihnen den Erhalt von Aufmerksamkeit und Anerkennung, eine rationale Erklärung für persönliche Erfolge und Mißerfolge, eine Möglichkeit des Zeitvertreibs und der Einflußnahme auf andere (BOSKIND-WHITE & WHITE, 1987). Ergänzend ist festzustellen, daß Männer zur Körperformung sportliche Betätigung bevorzugen, während Frauen verstärkt zu Diäten greifen (GNIECH, 1995).

Auch STAHR ET AL. (1995) weisen darauf hin, daß die strengeren Maßstäbe immer noch für Frauen gelten. Sie beschreiben eine sich vollziehende Nivellierung der männlichen und weiblichen Körperbilder, die fast ausschließlich durch Anpassung des weiblichen Körperideals an den männlichen Körper erreicht wird. Das biologisch vorgegebene, typisch weibliche des Körpers, wie beispielsweise Fettgewebe an Hüften, Bauch, Oberschenkel und Gesäß, entspricht nicht der aktuellen Norm (BROWNMILLER, 1984).

Daraus resultieren für Frauen weitaus unrealistische und schwerer einlösbare Schönheitsnormen als für Männer. Diese Unerreichbarkeit der Maßstäbe bildet die Grundlage für die lebenslange Sorge der Frau um ihren Körper. GARNER ET AL. (1980) stellen in einer Studie fest, daß Playboy-playmates und Miss-America-Gewinnerinnen von 1959 bis 1978 ein immer weiter sinkendes Durchschnittsgewicht besaßen, welches deutlich unter dem Durchschnittsgewicht der vergleichbaren weiblichen Bevölkerung lag. Während jedoch das Vorbild immer schlanker wurde, stieg das Gewicht der "Normalfrau" im Verlauf der zwanzig Jahre an, was die Diskrepanz zwischen Ideal und Realität stetig vergrößerte.

Welche gesellschaftliche Entwicklung läßt sich hinter dieser Idealvorstellung des "androgynen Körpers" (STAHR ET AL., 1995) vermuten? Das individualisierte Zeitalter verlangt verstärkt Eigenschaften, die kulturhistorisch gesehen als männliche Eigenschaften gelten. Diese gesellschaftlich erwünschten Prinzipien wie Rationalität, Funktionalität oder Affektkontrolle finden sich im Umgang mit Nahrung und zugleich in einem funktionalistisch geformten, männlichen Körperideal wieder, was WIMMER (1982) vom heutigen Mythos des von aller Körperlichkeit befreiten und kontrollierbaren Körpers sprechen läßt. Die moderne Körpernorm steht jedoch zur physiologischen Beschaffenheit des weiblichen Körpers in Widerspruch. Hier spiegelt sich symbolisch die Art des Aufbruchs der Frau in männliches Terrain wider. In historischer Tradition passen sich Frauen an fremde Normen zur Erlangung von gesellschaftlicher Teilhabe, Anerkennung und Sicherheit an.

Adoleszenz und Körpernormierung

Die Entstehung dieser Geschlechtsspezifik der Schönheitsnormen entwickelt sich verstärkt im frühen Jugendalter. GRAFWEG (1994) interpretiert die Ergebnisse einer Langzeitstudie dahingehend, daß Mädchen und Jungen zwischen 12 und 16 Jahren heute unter dem Druck stehen, den perfekten Körper vorweisen zu wollen. Doch Mädchen tendieren verstärkt zu einem negativen Körperbild, zur Körperunzufriedenheit und bestimmen sich mehr über ein attraktives Aussehen. Jungen entwickeln währenddessen ein positives Körperbild und definieren sich weniger über ihr Äußeres als über ihre Körperkraft. Auch HELFFERICH ET AL. (1986) und FLAAKE (1992) beschreiben Mädchen als weitaus beeinflußter von Schönheitsnormen. Sie halten die Beschäftigung mit dem Körper für eine einschneidende Veränderung mit großer Bedeutung während der weiblichen Pubertät. Statt das dies zu einer Entwicklung neuen Selbst- und Körperbewußtseins führt, entstehen Verunsicherungen, Scham und Angst. Das Selbstbewußtsein ist um so geringer, je weniger die Mädchen glauben, den Schönheitsnormen gerecht zu werden.

Eine Studie von BAUR und MIETHLING (1991) liefert Erklärungen für diese geschlechtsspezifische Diskrepanz. Sie stellen fest, daß Jungen normalgewichtige Traumfiguren haben möchten, während Mädchen sich unrealistische Körpergewichtsideale setzen, die deutlich unterhalb der Normalgewichtsgrenze liegen. Da die meisten Mädchen ihrem Wunschgewicht in der Realität nicht gerecht werden, sind Unzufriedenheit und ein Absinken des Selbstbewußtseins die Konsequenzen.

Folglich ist nach FLAAKE (1992) die Unmöglichkeit ihrer Erfüllung in den Schönheitsvorstellungen der Mädchen von vornherein inbegriffen. Sie beschreibt die Situation der Mädchen in der Adoleszenz als eine Zwickmühle. Der Körper erfährt einerseits einen enormen Bedeutungszuwachs, in dem er zum zentralen Ort ihres Selbsterlebens und seine Attraktivität zur Bedingung ihres Selbstbewußtseins wird. Andererseits ist aufgrund zu strenger Schönheitsvorstellungen gerade der Körper anfällig für Verunsicherungen und Destabilisierungen.

Mit diesem Dilemma erklärt FLAAKE (1992) den Unterschied zwischen Mädchen und Jungen im Alter von 13 und 14 Jahren bezüglich ihres Selbstvertrauens. Während Jungen in dieser Zeit noch an Selbstvertrauen zulegen, nimmt es bei Mädchen trotz parallel festzustellender besserer Schulleistungen ab. Eigene, sachbezogene Fähigkeiten scheinen für sie in der Pubertät keine ausreichende Basis mehr zur Entwicklung von Selbstbewußtsein und positivem Selbstbild darzustellen.

FLAAKE (1992) bemerkt außerdem eine stetig wachsende Abhängigkeit des Selbstwertgefühls der Mädchen von männlicher Bestätigung. Das eigene Gefühl für den Wert ihres Körpers und ihrer Person ist ihnen abhanden gekommen, und die internalisierte Schönheitsnorm bleibt unerreichbar. Dadurch kann sich kein eigenständiges weibliches Körpergefühl bilden. Wenn der noch unvertraute, sich verändernde Körper plötzlich zum Gegenstand männlichen Interesses und zum Objekt äußerer Bewertung wird, sind nach BRÖKLING (1991) die Konsequenzen, daß Mädchen ihren Körper als fremd, bedrohlich und unberechenbar empfinden.

Hier spiegelt sich die geschlechtsspezifische Rollenübernahme auf der körperlichen Ebene deutlich wider. Mädchen nehmen selbstverständlich unrealistische Körpernormen als persönliche Anforderungen an. Ihre Erfüllung verspricht gemäß ihrer Lernerfahrung Anerkennung und Bestätigung des eigenen Wertes.

Emanzipation und Körpernormierung

Wie bereits aus kulturhistorischer Perspektive dargelegt, führt auch heute die Fremdbestimmung der Frau zur Identitätsunsicherheit und zur verstärkten Abhängigkeit von der Anerkennung anderer. Die Bestätigung ihres Wertes durch den männlichen Blick ist immer noch das zentrale Anliegen. Trotz Emanzipationsbewegung und rechtlicher Gleichstellung unterwerfen sich Frauen fremdbestimmten Körpernormierungen und haben bis heute keine stabile Körperidentität entwickelt.

Die kulturhistorische Tradition hat sich statt dessen zugespitzt. Zum einen haben sich die Köpernormen für Frauen verschärft, und zum anderen gilt die Beherrschung der inzwischen vollständig internalisierten Selbstkontrolle als kulturelles Allgemeinwissen, das ungefragt vorausgesetzt wird. Die Emanzipationsbewegung hat folglich einen grundlegenden patriarchalen Bereich noch unberührt gelassen: die folgenschwere Abhängigkeit der Frau von Körpernormierungen. Auch das Ablegen des Büstenhalters als Zeichen der Loslösung von patriarchaler Einengung in den siebziger Jahren war nach BROWNMILLER (1984) ein Privileg schlanker Feministinnen mit kleinen Brüsten.

Die türkische Journalistin HAGAR (1992) verweigert daher den westlichen Frauen die Anerkennung ihrer Selbstbestimmung und Unabhängigkeit. Sie spricht von deren Unterwerfung unter Schönheitszwänge, wobei gesundheitliche Risiken selbstverständlich hingenommen werden. Sie kritisiert eine permanente Ästhetisierung des weiblichen Körpers in öffentlichen Räumen und bemerkt eine Persönlichkeitsverzerrung und -zerstörung, in dem fremde Bedürfnisse als Bedürfnisse der Frauen propagiert und von ihnen verinnerlicht werden. Gesunden Menschenverstand und bewußte Handlungsfähigkeit kann sie bei westlichen Frauen wenig entdecken.

3.4.3 Bulimie und Körpernormierung

Ebenso wie frauenspezifische Normen bezüglich des Eßverhaltens stellt auch die kulturelle Norm im Umgang mit dem weiblichen Körper eine Wegbereitung für die bulimische Symptomatik dar. Vor dem dargestellten Hintergrund erscheint die Bulimie nicht länger als unverständliche individuelle Pathologie, sondern wie ein kulturell bereitgestelltes Modell zur Konfliktlösung.

Die Fremdbestimmung, Normierung und Vergesellschaftung des weiblichen Körpers zu patriarchalen Zwecken und das Einsetzen des eigenen Körpers von Frauen zum Zweck der Selbstrepräsentation aufgrund eingeschränkter Ausdrucksmöglichkeiten haben eine lange kulturhistorische Tradition und sind eng verbunden mit der Vergesellschaftung der Frau. Bis heute scheint es den Frauen nicht gelungen zu sein, die Befreiung von patriarchaler Gewalt und Herrschaft auf den Bereich ihrer Körper auszudehnen und eine eigenständige weibliche Körperidentität zu entwickeln. Statt dessen ist die Bedeutung ihres normgerechten Aussehens für sie heute so groß wie nie zuvor.

Bedingt wird die Ausrichtung an unrealistischen Körperidealen durch die Abhängigkeit von fremder Anerkennung, die die Folge einer verstärkten Orientierung an traditionellen Weiblichkeitsstereotypen darstellt. Nicht die heutigen Schlankheitsideale als solche tragen zur Entstehung der bulimischen Symptomatik bei, sondern vor allem gesellschaftliche Strukturen, die eine Orientierung an diesen Idealen für Frauen so bedeutungsvoll sein lassen.

Die Fixierung der bulimischen Frau auf das Einhalten unrealistischer Körpernormen und die damit verbundene Mißachtung ihrer körperlichen Bedürfnisse stellen eine übertriebene Variante alltäglicher Verhaltensweisen von Frauen dar. Das, was FOCKS (1994) die kulturelle Norm der Dichotomisierung von kontrollierendem Geist und zu kontrollierendem Körper nennt, ist ebenfalls in extremer Form im bulimischen Verhalten wiederzufinden. Der Wunsch nach totaler Kontrolle körperlicher Bedürfnisse ist keine "Erfindung" bulimischer Frauen. Es handelt sich dabei statt dessen um die jüngste Ausprägung eines langen kulturhistorischen Prozesses zur Disziplinierung des Eßverhaltens und Ausgrenzung der Körperlichkeit.

Auch bezüglich der häufig diagnostizierten Körperbildstörungen bulimischer Frauen eröffnen sich vor diesem Hintergrund neue Blickwinkel. Körperbildstörungen stellen nach TEEGEN (1992) eine Folge der Ablehnung und Mißachtung des eigenen Körpers dar. Diese Ablehnung und Mißachtung beginnen bei Mädchen bereits im Säuglingsalter, setzen sich in der Pubertät verstärkt durch die Diskrepanz zwischen Idealgewicht und Realität fort und finden schließlich einen Höhepunkt im kollektiven Diäthalten.

TRÜCK (1996) verweist in diesem Zusammenhang auf die Beschneidung und Verleugnung weiblicher Potentiale bezüglich des Körpers in unserer Kultur, was besonders deutlich in den Bereichen Sinnlichkeit und Sexualität zum Tragen kommt. Statt nach einer Begründung für die Körperbildstörungen bulimischer Frauen zu suchen, stellt sie die Frage, wie Frauen unter diesen kulturellen Bedingungen ihren Körper annehmen und wertschätzen sollen.

Es liegt daher die Vermutung nahe, daß nicht nur bulimische Frauen Körperbildstörungen aufweisen. Die Einhaltung kultureller Körpernormen, das tägliche Erleben der kulturell üblichen Umgangsformen mit dem weiblichen Körper und die gegen ihn gerichtete patriarchale Gewalt wird auch bei nicht bulimischen Frauen zur Beeinträchtigung ihres Körpererlebens führen.

Ein Gesprächszitat des Ernährungspsychologen Volker Pudel über das Ziel der Therapie bei Bulimie, bringt das Dilemma, das alle Frauen zu betreffen scheint, auf den Punkt: "Gelingt es, die Frauen zu emanzipieren, resultiert daraus meist eine Gewichtszunahme." (persönl. Mitteilung, zit.nach HABERMAS, 1990, S.187). Anders ausgedrückt heißt dies, daß eine wirklich eigenständige Lebensgestaltung von Frauen mit der Loslösung von patriarchalen Umgangsformen mit dem weiblichen Körper, insbesondere mit der Unabhängigkeit von fremden, unrealistischen Körpernormen einhergeht.

Abschließend sei auf die jüngste Tendenz zu diätverneinenden Ernährungsansätzen in Literatur und Öffentlichkeit hingewiesen. Sie plädieren beispielsweise für eine Nahrungsaufnahme, die durch die "Weisheit" des Körpers gesteuert wird (GNIECH, 1995), für die Akzeptanz des individuellen Set-point-Gewichts (GRUNERT, 1993) oder eines "Wohlfühl"-Gewichts (NUBER, 1996). Doch solange das Einhalten der Körpernorm einen so hohen Wert innerhalb der Gesellschaft einnimmt, bleibt kontrolliertes, restriktives Eßverhalten die kulturelle Norm.

Im folgenden sollen nun die Darstellungen zur Kultur-, Zeit-, Symptom-, Alters- und Geschlechtsspezifik um eine Betrachtung des kulturellen Umgangs mit der Bulimie abgerundet werden. Daß gesellschaftliche Reaktionen auf das Symptom nicht ohne Auswirkungen bleiben, konnte bereits anhand der Betrachtungen zur Geschichte der Nahrungsverweigerung herausgearbeitet werden.

3.5 Zum kulturellen Umgang mit Krankheit und Gesundheit

Was unter Gesundheit und Krankheit zu verstehen ist, legt die jeweilige Gesellschaft fest. Beispielsweise zeigt ein Blick auf die Geschichte der Hysterie, daß sich Krankheitssymptome auch der dazugehörigen Krankheitstheorie anpassen können. Die hysterischen Patientinnen des französischen Psychiaters Charcot verhielten sich Ende des 19. Jahrhunderts genau so, wie sein Deutungsmuster der Hysterie es vorschrieb. Nach seinem Tod wurden diese als klassisch bezeichneten hysterischen Symptome kaum noch beobachtet (VON BRAUN, 1985; ISRAEL, 1983).

In unserer Gesellschaft sind Krankheit und Gesundheit polare Begriffe. Gesundheit ist Normalität und gilt als selbstverständlich, Kranksein stellt eine unnormale Ausnahme dar. Der Begriff Krankheit markiert die Grenze zum Pathologischen und legt somit fest, an welcher Stelle der Zugriff sozialer Kontrolle und entsprechender Instanzen als gerechtfertigt gilt (HELFFERICH, 1990). Wenn auch heute verstärkt die sogenannte ganzheitliche Medizin an Boden gewinnt, bleibt das mechanistische, iatrotechnische Krankheits- und Körperkonzept für den überwiegenden Teil der modernen Medizin prägend (WINAU, 1982).

Krankheit bedeutet individuelle Schwäche und Nichtfunktionieren. Sie wird negativ bewertet und beinhaltet den Aspekt der persönlichen Wertlosigkeit, da sie zur gesellschaftlich erwünschten Aktivität, Jugendlichkeit und Fitneß im Gegensatz steht. Krankheit wird als etwas Vorübergehendes betrachtet, das es mit Hilfe der Medizin oder Technik zu behandeln und beseitigen gilt (BECK, 1981; OVERBECK, 1984).

Unterstützt wird diese Einstellung durch eine verzerrte, märchenhafte Vorstellung vom Leben, die nicht zuletzt durch den Einfluß der Medien entstanden ist. Diese unrealistische Dauerglückerwartung schließt körperliches und seelisches Leid völlig aus (BECKER, 1994). Andererseits beinhaltet Krankheit durch ihren gesellschaftlichen Status auch einen Gewinn. Sie ermöglicht Entlastung, Befreiung von Verantwortung und Verpflichtung, sie garantiert Respektierung und Erhalt von Aufmerksamkeit durch andere Menschen, Konfliktfreiheit, Rücksichtnahme durch die soziale Umwelt und Behandlungsmaßnahmen von außen. Somit nimmt Krankheit in unserer Gesellschaft auch eine adaptive Schutzfunktion ein, erlaubt Moratorium und Regression, die in der "gesunden" Lebenswelt wenig Platz haben (BECK, 1981; OVERBECK, 1984; MITSCHERLICH, 1966).

3.5.1 Zum kulturellen Umgang mit Bulimie

Welches gesellschaftliche Konzept besteht nun gegenüber der Bulimie?

In der Alltagswelt und in der Wissenschaft hat sie sich als regelmäßig wiederkehrendes Thema etabliert und ist in den letzten zwanzig Jahren zu einem allgemein bekannten Begriff geworden. Sie findet sich als reißerisches Thema in Talkshows und Regenbogenpresse oder zeigt sich inmitten des Werbeblocks vor einer Kinovorführung in Form eines Videoclips als Präventionskampagne einer Krankenkasse. Über Bulimie finden sich in nahezu jeder Buchhandlung sensible und weniger sensible Ratgeber, zahlreiche mutmachende und entmutigende Erfahrungsberichte und sogar mehrere Spielfilme. Die Fülle von zum Teil widersprüchlichen und Ideologie überfrachteten wissenschaftlichen Differenzierungen und Theorien zu Entstehung, Verlauf und Behandlung der Bulimie wurde bereits im zweiten Kapitel vorgestellt.

Diese gesellschaftlichen Konzepte zur Bulimie klassifizieren sie als Krankheit, wobei sich ihr Blick verstärkt auf individuelle, intrapsychische, defizitäre und pathologische Merkmale richtet. Die diagnostischen Kriterien als offizielle Norm der Bulimie (siehe Tab.1) spiegeln diese gesellschaftliche Einstellung wider. Sie beschreiben ausschließlich die Symptome, hinter denen die eigentliche Problematik im Dunkeln bleibt, und implizieren nach KLINGENSPOR (1989) eine schwere Persönlichkeitspathologie mit chronischem Verlauf und ungünstiger Prognose.

Somit erhält die Bulimie als kulturelle Normabweichung ihren festen Platz in der Krankheitslehre. Es werden Behandlungskonzepte entworfen und entsprechende Institutionen eingerichtet, so daß diese Normabweichung selbst kulturell strukturiert und normalisiert wird. Die bulimischen Frauen werden als krank und therapiebedürftig eingestuft und entsprechend behandelt. Diese öffentlichkeitswirksame Pathologisierung verdeutlicht das ambivalente Verhältnis der Kultur gegenüber der Bulimie. Einerseits zeugt sie von gesellschaftlicher Diskriminierung und Verurteilung und andererseits macht sie die Bulimie zur anerkannten frauentypischen Modellsymptomatik (VON ESSEN & HABERMAS, 1989).

WARDETZKI (1996) bemerkt außerdem fehlende Forschungen und Institutionen zur Behandlung bulimischer Frauen aufgrund mangelnder finanzieller Mittel. Sie vermutet dahinter wirtschaftliche Interessen an der bulimischen Konsumierung großer Mengen Nahrungsmittel und Diätprodukte sowie an der Frequentierung von Fitneßstudios oder ähnlichen Einrichtungen. Diese "brave" Symptomatik stellt, im Gegensatz zum Alkohol- und Drogenkonsum, in der Öffentlichkeit kein brennendes soziales Problem dar, denn sie wird in erwünschten weiblichen Traditionen vollzogen: still und autoaggressiv.

Konsequenzen und Funktionen

Welche Konsequenzen hat dieser kulturell-gesellschaftliche Umgang mit Bulimie?

Ihr offizieller Status als Krankheit im heute üblichen Sinn kann eine aktive, eigenverantwortliche Auseinandersetzung der betroffenen Frau mit ihrem Problem deutlich erschweren, denn diese Etikettierung enthält die Illusion, daß Behandlung und Heilung von außen kommen muß (WHITE & BOSKIND-WHITE, 1984). Frauen, die sich nicht selber als krank bezeichnen oder bezeichnen lassen, haben bessere Chancen ihre bulimische Symptomatik aufzugeben. Ihnen fällt es leichter, Eigenverantwortlichkeit und Selbstheilungskräfte zu entwickeln (SCHIMPF, 1995).

So unterstützt auch die in der feministischen Literatur zu findende Darstellung der Eßstörungen als logische Konsequenz auf weibliches Dasein in einer patriarchalen Gesellschaft (z.B. KREBS, 1991) die allgemeine Annahme, daß es sich um eine nahezu unheilbare und unvermeidliche Problematik handelt (FRANKE, 1991). Statt Frauen als eigenständige Individuen zu betrachten, die sich für alternative Handlungsweisen entscheiden können, werden sie als abhängige, schwache, seelisch verkrüppelte Opfer einer Krankheit, ihrer Biographie oder von Lebensumständen dargestellt (GRÖNE, 1995b).

Klinische Erwartungen, wie die offiziellen Diagnosekriterien (siehe Tab.1), können sich außerdem im Sinne einer sich selbst erfüllenden Prophezeiung negativ auf den individuellen Verlauf der Bulimie auswirken (KLINGENSPOR, 1989). Auch Schwarzmalereien und Dramatisierungen hinsichtlich Heilungschancen und Heilungsdauer, die in zahlreichen Ratgebern zu finden sind, beeinflussen die Selbstinterpretation der betroffenen Frauen und nehmen ihnen Hoffnung und Vertrauen (FRANKE, 1991; WHITE & BOSKIND-WHITE, 1984). So ist beispielsweise im Nachwort zum Erfahrungsbericht einer ehemals bulimischen Frau zu lesen, daß man bezüglich der Bulimie "bis heute noch nicht mit Sicherheit sagen kann, welche Art der Behandlung zuverlässige Erfolge bringt; es ist noch nicht einmal sicher, ob die Krankheit geheilt werden kann" (ROCHE, 1987, S.244). Sicherlich nicht sehr ermutigend für die Zielgruppe dieses Buches!

Die Dichotomisierung in krankes und gesundes Eßverhalten verhindert außerdem einen Blick auf die gesellschaftliche Dimension, indem sie bestehende Ähnlichkeiten zwischen bulimischen und nicht bulimischen Frauen verdeckt und die Bulimie somit zu einem individuellen Defizit erklärt (KLINGENSPOR, 1989). Zugleich etikettiert diese Pathologisierung auch alltägliche Verhaltensweisen als Krankheiten, wie beispielsweise Diäthalten und Angst vor Gewichtszunahme, so daß jede Frau indirekt als potentiell krank und therapiebedürftig dargestellt wird. Kulturell-gesellschaftlich hervorgebrachte Umgangsweisen mit Körper und Nahrung werden von der Gesellschaft als Fehlverhalten stigmatisiert und auf diese Weise als Krankheit wieder in die individuelle Zuständigkeit verwiesen (ZURNIEDEN, 1986).

Auch Sprache schafft Realitäten, indem sie bestimmt wie wir denken, fühlen und handeln. Spricht die Öffentlichkeit von der Frau, die *Bulimie hat*, oder die wissenschaftliche Literatur von der *Bulimarektikerin*, so werden nach FRANKE (1994b) zeitweilige Verhaltensweisen und Phänomene zum identitätsstiftenden Merkmal, unveränderlichen Kennzeichen, zur statischen Persönlichkeitsbeschreibung und alleinigen Charaktereigenschaft erklärt. Aus dem Blick gerät dabei, daß Bulimie eine sprachliche Bezeichnung für bestimmte veränderbare Denk-, Fühl- und Verhaltensmuster in einem bestimmten, veränderbaren Kontext darstellt und eine Frau nicht ausschließlich bulimisch ist (GRÖNE, 1995b).

Andererseits bietet der Krankheitsstatus den betroffenen Frauen angesichts überfordernder und widersprüchlicher Entwicklungsaufgaben auch attraktive Vorteile, die ihnen ihr Los erleichtern: Abgabe von Verantwortung angesichts zugespitzter Entwicklungsanforderungen, Erhalt von Aufmerksamkeit, das Recht auf Schwäche und Regression, die "Erlaubnis" zum Hilfesuchen oder ein "Nutzungsrecht" von entsprechenden institutionellen Angeboten (z.B. Therapie, Selbsthilfegruppe, Klinik).

Auch der Opferstatus, sowohl Opfer der Krankheit Bulimie als auch Opfer der elterlichen Erziehung, der gesellschaftlichen Bedingungen, einer Diät oder des Schönheitskults, den die bulimische Frau häufig zugesprochen bekommt, beinhaltet attraktive Aspekte. Opfer erhalten Mitgefühl und Mitleid und brauchen für ihr Verhalten weniger Verantwortung übernehmen oder Rechenschaft ablegen. Das Wachstum der Opferrolle beginnt nach ZUR (1994) mit Gefühlen der Vernachlässigung und der Ohnmacht sowie dem Gefühl der Unfähigkeit zur aktiven eigenen Lebensgestaltung. Da diese Gefühle vielen bulimischen Frauen seit der Kindheit bekannt sind, können die Annahme der Opferrolle und verstärkte Schuldzuweisungen für sie besonders vertraut erscheinen. Doch in letzter Konsequenz führen sie zur Aufgabe der Selbstverantwortung und damit zur Verhinderung einer Suche nach anderen Lösungsstrategien.

Als frauentypische Symptomatik gehört die Bulimie nach HABERMAS (1990) heute zum modernen Begriff von Weiblichkeit. Hier ergibt sich auch eine Erklärung für den extremen Anstieg bulimischer Erscheinungen in den vergangenen zwanzig Jahren. Angesichts eines gesellschaftlichen Dilemmas, das alle junge Frauen betrifft und für das unter bestimmten Bedingungen keine angemessenen Lösungsmodelle und Hilfestellungen zur Verfügung stehen, bietet sich diese kulturell bereitgestellte Symptomatik als eine scheinbar perfekte Möglichkeit zur Lösung an.

Eine Gesellschaft, die Regression und Moratorium nur in der Krankheit akzeptiert und Selbstkontrolle, Leistung und Effektivität zu zentralen Werten erklärt, erhöht die Attraktivität des Krankseins in Krisenzeiten und Zeiten der Überforderung. Sie verstärkt die Wahrscheinlichkeit, Krankheit als Ausdrucksmittel einzusetzen. So spricht auch KEIL (1988) von verstümmelten, unterdrückten Ausdrucksformen des Lebendigen, die in unserer objektivierten sozialen Zeitordnung auf schmerzhafte Weise als Krankheit, Sucht, Abweichung oder Auffälligkeit wieder aufsteigen.

Die steigende Tendenz zur offen gelebten Bulimie beweist, daß ihr Krankheitswert im Zuge dieser Anerkennung als Modell des Fehlverhaltens für die Frauen einen Nutzen mit sich bringt. Ein weiteres Beispiel für diese Entwicklung ist die zunehmende Zahl von Selbstdiagnosen oder ärztlichen Fehldiagnosen (HABERMAS, 1990). Was genau junge Frauen durch diese Etikettieren gewinnen, wird auf der individuellen Ebene noch Gegenstand der Betrachtung sein.

Wird nach den Gründen für diese Darstellung der Bulimie als schwere medizinische und individuelle Erkrankung gesucht, bietet sich im Sinne FRANKES (1991) als Schlußfolgerung an, daß auf diese Weise ein Zutagetreten des gesellschaftlichen Elends, das sich auf individueller Ebene äußert, verhindert werden kann. Entsprechende gesellschaftliche Veränderungen brauchen auf diese Weise nicht als Lösungs- oder Präventionsmöglichkeiten in Betracht gezogen werden. Frauen, die die Ansprüche ihrer Umgebung als überfordernd empfinden und allein aus diesem Dilemma nicht herausfinden, werden statt dessen als krank und nicht normal dargestellt. Diese Maximierung individueller und die Minimierung gesellschaftlicher Verantwortung (KLINGENSPOR, 1989) dient folglich auch der Aufrechterhaltung bestehender gesellschaftlicher Strukturen.

Statt dessen kann die Suche nach medizinischen Ursachen vorangetrieben und Erfolgskriterien einer Therapie an der Häufigkeit bulimischer Vorfälle festgehalten werden. FRANKES (1991) Erklärungen zur Pathologisierung der Anorexie treffen somit auch auf die bulimische Symptomatik zu, denn auch hier scheinen sich Ängste, Macht- und Kontrollbedürfnisse von Ärzten, Wissenschaftlern und Therapeuten hinter der besonderen Art ihres Umgangs mit der Bulimie zu verbergen.

Nach HABERMAS (1990) dient diese Pathologisierung, Diskriminierung und Verurteilung einer kulturellen Normabweichung außerdem dazu, verbindliche Normen der Selbstkontrolle zu markieren. Ein erfolgreiches Einhalten der Selbstkontrolle bezüglich der Nahrungsaufnahme wird als gesund und normal, ein Unterbrechen der Kontrolle als krank und unnormal deklariert. Mangelnde Selbstkontrollfähigkeit, vor einigen Jahren noch verzeihlich und entschuldbar, ist heute Ausdruck zu behandelnder individueller Pathologie.

Chancen der Veränderung

Ein veränderter Blick auf Krankheit und Gesundheit würde es ermöglichen, die bulimische Symptomatik aus der defizitorientierten Assoziationskette (schwach, abhängig, unfähig, verkümmert, behandlungsbedürftig) herauszulösen und zugleich ihre "Attraktivität" herabzusetzen. Würde im Sinne von KEIL (1988) und HELFFERICH (1990) die bestehende Polarität zwischen beiden aufgehoben und Gesundheit als Prozeß betrachtet, der eine Auseinandersetzung mit Krankheitserfahrungen beinhaltet, so würde auch Krankheit zu etwas Normalem, was zum Leben dazugehört und die Chance zum Wachstum beinhaltet. Diese Einstellung ist einer Sichtweise vorzuziehen, die unter Gesundheit einen unerfüllbaren paradiesischen Zustand der Ganzheit, Heilheit, Stärke und Schmerzlosigkeit versteht.

Auch die in der Literatur anzutreffenden Deutungen der Bulimie als Ausdruck der Unterdrückung (Frauen als Opfer) und des Widerstandes gegen die Gesellschaft tragen zur negativen Bewertung von Krankheit bei und unterstützen die Festschreibung von bulimischen Frauen auf Schwäche, Krankheit und Abhängigkeit. Frausein und Gesundsein scheinen in diesen Theorien miteinander unvereinbar. Widerstand, Krankheit, Abweichung, Kritik und Verweigerung werden damit zu einem Vorstellungskomplex, der einer Auffassung von Gesundsein als kritikloses Anpassen und fügsames Funktionieren gegenübersteht. Diese Haltung zeugt von einer Glorifizierung weiblichen Leidens an der Gesellschaft: als ob nur die kranke Frau ihre Unterdrückung und ihre Nonkonformität mit der patriarchalen Gesellschaft zeigen kann (HELFFERICH, 1990).

Es stellt sich außerdem schlußfolgernd die Frage, ob die Interpretation der Bulimie als weibliche Rebellion und Verweigerungshaltung nicht zu einer Erhöhung ihrer "Attraktivität" und somit zur verstärkten Ausbreitung führen kann, da Verweigerung (= Bulimie) positiver bewertet wird als Anpassung (= keine Bulimie). Diese Sichtweise berücksichtigt nicht, daß bulimisches Verhalten immer auch Anpassung an und Aufrechterhaltung von fremdbestimmten Weiblichkeitsnormen bedeutet (FOCKS & TRÜCK, 1987) und selbstzerstörerische, destruktive Züge trägt, die einer selbständigen, eigenverantwortlichen und eigenwilligen Lebensführung im Weg stehen.

Statt dieser Festschreibung von Nonkonformität auf Krankheit und Leiden geht es HELFFERICH (1990) um eine Neubewertung des Gesundheitsbegriffes, in der auch Gesundheit Widerstand sein kann. Es wäre eine Widerstandsform, die nicht in frauenspezifischer Tradition zugleich gegen sich selbst gerichtete Aspekte mit sich bringt, sondern die vorübergehende Auseinandersetzung mit persönlichem Leid als gesunde Fähigkeit und Stärke anerkennt, oder wie KEIL (1988) es ausdrückt: "Wenn die Ohnmacht der Frauen eine Macht werden soll, dann müssen sie ihre Leiden als Lebenszeichen begreifen und Schmerzen als Zeichen des Wachstums". (S.60)

Somit wäre, ohne dabei ihre leidvolle Seite aus den Augen zu verlieren, eine Definition der Bulimie realistischer und förderlicher, die sie als mögliche, kulturell bereitgestellte Denk-, Fühl- und Verhaltensmuster zum Umgang mit frauenspezifischen Entwicklungsanforderungen beschreibt, welche auch eine Chance zu persönlichem Wachstum, Veränderung und selbstbestimmter Lebensgestaltung beinhalten.

3.6 Zum individuellen Erleben bulimischer Frauen

Es konnte herausgearbeitet werden, daß sich die Bulimie aufgrund geschlechtsspezifischer kultureller Bedingungen als mögliche Antwort auf widersprüchliche gesellschaftliche Anforderungen an Frauen anbietet. Die Symptomwahl bulimischer Frauen erscheint dadurch innerhalb bestehender patriarchaler Strukturen verständlich. Vor allem für die Entwicklung adäquater Unterstützungsmaßnahmen bulimischer Frauen ist von Bedeutung, welche Funktion die Bulimie auf der individuellen Ebene erfüllt.

Mit Hilfe von exemplarischen Interviewauszügen aus einer Dokumentation über den Bremer Mädchen- und Frauentreff *Gewitterziegen* e.V. (BROCKFELD, 1993) mit drei bulimischen Teilnehmerinnen einer Selbsthilfegruppe für Frauen mit Eßstörungen soll der Zusammenhang von kulturell-gesellschaftlicher und individueller Ebene verdeutlicht werden.

Individuelle Funktionen der Bulimie

Eine einseitige Ausrichtung am traditionell weiblichen Rollenverhalten konnte als Risikofaktor zur Entwicklung einer Bulimie herausgearbeitet werden. Diese verstärkte Geschlechtsrollenorientierung führt angesichts widerspüchlicher gesellschaftlicher Entwicklungsanforderungen zum Bemühen, in altbewährter Weise all diese Erwartungen perfekt zu erfüllen.

Auf der individuellen Ebene gestaltet sich dieser Versuch "Superfrau" zu sein als besonders folgenreich. Emotionale Bedürfnisse, vor allem Gefühle der Bedürftigkeit, Einsamkeit, Minderwertigkeit, Schwäche, Wut und Aggression, werden dafür verstärkt kontrolliert und aus Angst vor Verlassenwerden und Kritik zurückgehalten. In vertrauter Tradition hat die Erfüllung fremder Ansprüche oberste Priorität. Sie nicht zu erfüllen, hieße Schwäche oder Egoismus zeigen, was innerhalb zwischenmenschlicher Beziehungen Konflikte mit sich bringen könnte. Auseinandersetzungen stellen jedoch aufgrund mangelnden Selbstwertgefühls und Durchsetzungsvermögens eine unüberwindliche Hürde dar. Folglich richtet sich das Bemühen verstärkt darauf aus, nach außen stark und bedürfnislos zu erscheinen.

Diese Außenfassade aufrechtzuerhalten, wird jedoch angesichts zunehmender Überforderung immer schwieriger. Für dieses Dilemma unterdrückter Gefühle und Bedürfnisse, hervorgerufen durch den Wunsch nach perfekter Normenerfüllung, kann das bulimische Eßverhalten eine Lösung anbieten und individuell verschiedene Funktionen erfüllen (FOCKS, 1994; GRÖNE, 1995b).

Pia: "Die Brüste und das alles fand ich total widerlich. Ich kam damit überhaupt nicht klar. Ich weiß nicht, ob ich mich damals zu dick fand, aber es wurde mir gesagt. Was mit dem Körper so komisch war, war daß die Jungs damals anfingen so verrückt zu spielen. Daß die alle 'was von mir wollten, das hat mich total verängstigt. ... Ich habe vorher immer nur mit Jungs gespielt, auf der Straße und so. Auf einmal ging das nicht mehr. Daß die Freundschaft nicht mehr da war, daß die Jungs nur noch hinter Mädchen her waren, und wenn sie merkten bei mir geht das nicht, dann waren sie eben hinter anderen Mädchen her und ich war abgeschrieben. Das war so ein Hammer, daß ich mich einfach nicht mehr wohl fühlte. Nachher (nach dem Beginn der Bulimie) habe ich dann wieder ausgesehen wie ein Junge und habe mich wieder wohl gefühlt." (BROCKFELD, 1993, S.33)

Heike: "Angefangen hat es bei mir als ich 16 war. Damals bin ich in der Schule sitzengeblieben und habe eine Klasse wiederholt. ... Ich bin aus meiner alten Clique herausgerutscht und mußte mich in einer neuen Schulklasse zurechtfinden. Dazu kamen noch so Sachen bei uns zu Hause in der Familie. Mein Bruder ist Vater geworden, und meine Mutter hat das Kind aufgezogen, so daß für mich keine Zeit mehr da war. Es war so, daß von mir auch ziemlich viel Einsatz verlangt wurde, um mich um das Kind zu kümmern. Ich bin einfach mit allem zu kurz gekommen damals. ... Meine beste Freundin ist weggezogen. Ich war ziemlich alleine, hatte keine Freundin mehr und meine Tante, an der ich sehr hänge, ist auch weggezogen zu der Zeit. Es waren also viele Sachen, wo irgendwie Trennungsgeschichten anlagen. ... Ja und dann bin ich zuerst magersüchtig und dann bulimisch geworden. Es fing ganz langsam an. Es war nicht so ein Gefühl 'Ich bin krank', sondern eher im Gegenteil. Ich hatte das Gefühl, ich habe die Kontrolle über meinen Körper, aber hundertprozentig. Das, was allen möglichen anderen nicht gelingt, das habe ich voll im Griff. Ich habe keine Schwächen, und ich kann alles, was ich will, steuern. (BROCKFELD, 1993, S.32)

Die Beispiele bestätigen die dargestellte Theorie von KLINGENSPOR (1989), daß für junge Frauen das Einhalten der Schönheitsnorm angesichts entstandener Konfusionen und Ambivalenzen Gefühle der Sicherheit, Kontrollierbarkeit, Stabilität und Akzeptanz vermitteln kann. Die Bulimie bietet folglich auf der individuellen Ebene Halt und eine Entlastung im Krisenfall.

Pia: "Bei mir läuft das immer so ab, daß ich mir echt wie ein Tier das Essen hineinstopfe. ... Egal ob das jetzt warm oder kalt ist, das schmeckt auch alles nicht. Ich kaufe mir nichts, was lecker ist oder so, sondern Sachen wie Babynahrung, Grießbrei oder Kartoffelpüree, alles so komische Sachen und stopfe die dann in mich rein, möglichst schnell. Dadurch entsteht der Rausch bei mir, weil alles so unkontrolliert ist, weil es völlig animalisch ist. Vollkommen ohne irgendwelche Regeln. Ich mißachte dabei alle Regeln und das, was gut und schön ist. Es ist einfach nur häßlich und widerlich und stressig, und trotzdem lasse ich alles an Wut 'raus. Die Wut geht raus und geht im Grunde genommen rein. Ich mampfe dieses Essen in mich rein und kann dabei schon Aggressionen loswerden, irgendwie. Ich glaube, es ist dadurch, daß man sich vollkommen gehen läßt. Etwas macht, was man sonst nie machen würde, weil man ja sonst eigentlich die ganze Zeit beherrscht ist und das tut, was von einem verlangt wird, jede Aufgabe erfüllt und möglichst perfekt sein will. Es ist irgendwie so ein Rausch, weil man absolut unperfekt ist, absolut." (BROCKFELD, 1993, S.34,35)

Der Interviewauszug verdeutlicht die beiden Lebenspole bulimischer Frauen: die entlastende, unkontrollierte und normenfreie Rauschhaftigkeit des bulimischen Vorfalls auf der verborgenen Seite und anstrengende Selbstkontrolle, Perfektionismus, Normenerfüllung und hoher Leistungsanspruch auf der sichtbaren Seite. Die Bulimie ermöglicht es, ein "öffentliches und geheimes Selbst" (KRÄMER, 1988) zu leben. Sie läßt die gesellschaftlich gewünschte Anpassung an herrschende Normen öffentlich vollziehen und gestattet heimlich, die Unmöglichkeit dieser Normenerfüllung einzugestehen und gegen sie zu verstoßen.

Ihre Funktion des Regulativs innerhalb eines rigiden Normensystems zeigt sich nicht nur bezüglich des Eßverhaltens, sondern auch gegenüber dem einengenden traditionellen Weiblichkeitsmodell, das nach EPSTEIN (1989) und FOCKS (1994) Aggression und Wut ausschließt. Auf der köperlichen Ebene können alle Seinsweisen, die den gegenwärtigen Normen und Werten nicht entsprechen, eine Ausdrucks- und Abwehrmöglichkeit finden - verformt und symbolisch im Akt des Essens und Erbrechens (FOCKS, 1994).

Heike: "Das Essen hat für mich etwas mit Schwäche zu tun, also Sachen nicht durchhalten zu können und Anforderungen irgendwie auch nicht zu schaffen und vor allem absoluter Trost, Entspannung, dicht machen. Zu essen ist für mich loslassen, fallen lassen, und nicht zu essen ist, absolut krampfhaft alles beieinanderzuhalten." (BROCKFELD, 1993, S.36)

Neben Gefühlen der Aggression und Wut werden auch unerwünschte Bedürfnisse nach Liebe, Anerkennung, Versorgtwerden und Geborgenheit über das bulimische Eßverhalten reguliert. Es gestattet ein heimliches Ausleben der Bedürftigkeit, ohne offene Konsequenzen befürchten zu müssen, denn nach außen kann weiterhin Stärke, Bedürfnislosigkeit und perfekte Körpernorm gezeigt werden.

Das bulimische Eßverhalten erhält die Funktion eines Puffers vor Anforderungen und bedrohlichen oder negativ bewerteten Gefühlen. Es verhilft zum Abbau von Spannungen und zum Eintreten von Müdigkeit (KRÄMER, 1988; POLIVY & HERMAN, 1994).

Pia: "Ich habe in der Gruppe erkannt, daß ich mir mit dem Essen den Zugang zu mir selbst versperre, daß ich immer sage, Mensch, ich weiß auch nicht wie es mir geht, ich kann gar nicht klar denken oder so. ... Ich denke dann immer:

Komisch, ich bin so schlecht drauf, woran liegt das wohl und komme einfach nicht dazu, das wirklich zu hinterfragen, auch weil ich mich nicht ernst genug nehme dazu. ..." (BROCKFELD, 1993, S.37)

Indem die Bulimie die Kompensation unterdrückter Seinsweisen gestattet, trägt sie zur Aufrechterhaltung von psychischer Stabilität bei. Durch das bulimische Verhalten die eigene Befindlichkeit nicht spüren zu können, wie es das obige Beispiel zeigt, stellt angesichts überfordernder Konflikte auch eine Schutzmaßnahme dar.

Zugleich ermöglicht es ein stückweit das Erleben sonst "unerlaubter" Autonomie und Selbstbestimmung. Nicht selten verschafft das Essen und Erbrechen aufgrund seiner Heimlichkeit und Abgeschiedenheit der bulimischen Frau ihren ersten persönlichen Bereich, zu dem kein anderer Zutritt hat.

Somit erfüllt die Bulimie eine Schutzfunktion während einer krisenhaften Lebensphase. Sie kann als konstruktive Kraft, als Überlebenshilfe, als Eigenart der betreffenden Person und als Ausdruck einer Bewältigungsleistung des Ichs interpretiert werden. Hier liegt nach TARR-KRÜGER (1990) ein nicht zu unterschätzendes Energiepotential zur Erkämpfung eigener Rechte. Diese bereits vorhandene Kraft kann, während des Heilungsprozesses in adäquatere Bahnen gelenkt, einen entscheidenden Beitrag zur eigenen Lebensgestaltung fernab fremder Normen leisten.

Anne: "Seit drei Monaten bin ich nun symptomfrei, aber fertig bin ich noch lange nicht. Im Gegenteil, ich habe das Gefühl, mich erst jetzt richtig kennenlernen zu können. Die Freßanfälle machen sehr viel dicht. Meistens tat es nicht mal gut, denn ich merkte gleichzeitig auch, daß es nichts änderte. Aber es ist eine Möglichkeit, mich meinen und äußeren Anforderungen und meinen Problemen zu entziehen, und sie wird immer da sein. Irgendwann verstand ich, daß es mich behindert, mich abkapselt von anderen Menschen. Es bedeutet Verstecken und Isolation. ... Ein anderer wichtiger Schritt war, als ich begriff, daß ich mich selber in die Hand nehmen muß. Das Schwerste war, mit den Freßanfällen aufzuhören. Zu Anfang ein absolut wackliger Gang. Mit einer Menge deprimierter Gefühle und Löchern, in denen ich überhaupt nicht wußte, was ich will. Mit der Zeit ist die Möglichkeit und der Wille zu einem Freßanfall immer weiter von mir weggerückt. Ich bekomme alles sehr viel bewußter mit. Das ist nicht immer angenehm, denn auch Zweifel, Ängste und Wut sind oft da. Aber jede Aufgabe, die ich durchstehe, stärkt mich auch." (BROCKFELD, 1993, S.38)

Was auf den ersten Blick als perfekte Überlebensstrategie und sinnvolle Sicherheitshandlung erscheint, erweist sich langfristig gesehen als verstärkter Unsicherheitsfaktor. Scham, Selbstabwertungen und soziale Isolation als Folge des bulimischen Verhaltens werden zum Auslöser für neue Eßanfälle (siehe Abb.1). Sie wirken sich ebenfalls negativ auf zwischenmenschliche Kontakte aus, so daß dysfunktionale und bulimiefördernde Beziehungsstrukturen in Familie, Partnerschaft, Beruf oder Freundeskreis entstehen können oder verstärkt werden (WARDETZKI, 1996).

> *Pia*: ".... Manchmal gucke ich danach genüßlich in den Spiegel, weil ich so voll aufgebläht bin, richtig dick und fett bin. Also, es ist schon schmerzhaft, weil die Rippen sich dehnen und alles. Dann gucke ich mich im Spiegel an und denke, du bist ein widerliches Arschloch!" (BROCKFELD, 1993, S.35)

Erhaltene Zuwendung erscheint der bulimischen Frau immer unglaubwürdiger, da sie nur ihrer perfekten Außenfassade gilt. Somit verstärkt die Bulimie auf längere Sicht innere Konflikte, statt sie zu lösen. Was einst zur Herstellung einer perfekte Außenfassade herangezogen wurde, die den Erhalt von Wertschätzung, Sicherheit und Geborgenheit in Beziehungen garantieren sollte, läßt nun diese heiß ersehnte Anerkennung wertlos erscheinen. Die Konsequenzen aus diesem Teufelskreis zieht die bulimische Frau in gesellschaftlich erwünschter Tradition: verstärkte Bemühungen um Perfektionismus, Altruismus und strenge Diäten (GRÖNE, 1995b).

Strenge Diäten wiederum bewirken auf der körperlichen Ebene Heißhungergefühle und führen schließlich zum Eßanfall (siehe Abb.3). Obwohl die Diät keinen Erfolg aufweist, wird sie nicht aufgegeben, sondern noch strenger verfolgt. So stellen sich viele bulimische Frauen ihr Leben ohne Bulimie als endlich geglückte, kontinuierliche Diät vor. Statt aus sich selbst heraus Regeln, Normen und Prämissen den veränderten Lebensbedingungen anzupassen, führen andauernde Anstrengung und erfolgloses Bemühen schließlich zu Verzweiflung oder Suizidphantasien (GRÖNE, 1995b).

Auch der vorletzte Interviewauszug verdeutlicht, daß allein die Aufgabe des bulimischen Eßverhaltens nicht die Lösung bestehender Konflikte, sondern eine entscheidende Voraussetzung für eine tatsächliche und langfristige Problemlösung bedeutet.

Konfliktlösungsstrategie und Selbstheilungsversuch

Zusammenfassend kann festgestellt werden, daß die Bulimie auf der individuellen Ebene die Funktion einer Konfliktlösungsstrategie erfüllt. Die zugrundeliegenden Konflikte gestalten sich individuell unterschiedlich, stehen aber in engem Zusammenhang mit widersprüchlichen gesellschaftlichen Entwicklungsanforderungen an junge Frauen. Da angemessene Bewältigungsstrategien, wie Durchsetzungsvermögen, Selbstbewußtsein, Autonomie oder Konfliktbereitschaft, nicht zur Verfügung stehen, ermöglicht das bulimische Denk-, Fühl- und Verhaltensmuster den Umgang mit dieser Problemlage in altbewährter traditioneller Weise. Innerhalb des Lebenskontextes übernimmt die Bulimie folglich eine sinnvolle Funktion. Sie stellt sich nicht länger als unverständliche Krankheit dar, sondern läßt sich aufgrund ihrer Schutzfunktion angemessener als Selbstheilungsversuch beschreiben. In einer überfordernden Lebensphase ermöglicht die Bulimie insofern "heil" zu bleiben, als daß sie diese Krisenzeit auszuhalten und zu überleben hilft (KRÄMER, 1988). In dem die bulimische Lebensweise alle Vorteile des gesellschaftlichen Krankheitsstatusses mit sich bringt, ermöglicht sie der bulimischen Frau die Verantwortungsabgabe für das eigene Handeln. Dieses Muster entspricht früheren Erfahrungen, in denen das Eintreten für eigene Interessen und Bedürfnisse sanktioniert wurde.

Wird diese Ebene auf Dauer nicht verlassen, stellt sich jedoch nach KRÄMER (1988) die Gefahr der Selbstzerstörung. Eine Chance zur langfristigen Selbstheilung liegt in der Überwindung der Bulimie, wenn dieser Verarbeitungsprozeß zur Persönlichkeitsentwicklung und zu einem selbstbestimmten Leben führt, das nicht mehr "zum Kotzen" ist.

Diese Beschreibung der Bulimie als Konfliktlösungsstrategie und Selbstheilungsversuch beinhaltet eine respektvolle Haltung gegenüber der betroffenen Frau. Sie erkennt das bulimische Verhalten als aktive Form der Bewältigung bestehender Problemlagen an. Erst wenn auch die bulimische Frau ihr Verhalten als sinnvollen, kreativen Akt und als Aspekt ihres eigenen Selbst innerhalb ihres Lebenskontextes begreift, kann sie auch die Verantwortung dafür übernehmen. Solange sie jedoch die Bulimie bekämpft, kämpft sie gegen einen untrennbaren Teil ihrer Selbst: gegen den Ausdruck ihrer körperlichen und emotionalen Bedürfnisse. Jede erneute Diät, jede Abwertung der Bulimie und jeder Kampf gegen sie beinhaltet den Aspekt der eigenen Selbstabwertung und vergrößert das Mißtrauen gegenüber dem eigenen Körper und der eigenen Person (GRÖNE, 1995b).

3.7 Bulimie als soziokulturelles Phänomen - eine Zusammenfassung

Die Betrachtung ihres soziokulturellen Kontextes läßt die Kultur-, Zeit-, Symptom-, Alters- und Geschlechtsspezifik der Bulimie verständlich werden.

Als Grundlage und Ausgangspunkt dieser Betrachtungen dienten zwei Veröffentlichungen, die sich bislang fast als einzige ausführlich des soziokulturellen Kontextes der Bulimie widmen. Der theoretische Ansatz von HABERMAS (1990) setzt die Symptome und die Geschlechtsspezifik der Bulimie vor dem Hintergrund unserer Kulturgeschichte mit herrschenden kulturellen Normen bezüglich Nahrung und Körper in Zusammenhang. Er wurde ergänzt um den theoretischen Ansatz von FOCKS (1994), der den Zusammenhang von Bulimie und kulturhistorisch gewachsenen Weiblichkeitsnormen umfaßt. Beide Ansätze wurden zusammengeführt und um verschiedene Aspekte ergänzt und erweitert.

Zusammenfassend zeigte sich, daß eine enge Verbindung zwischen der Bulimie und der Lebenssituation junger Frauen in unserer patriarchalen Gesellschaft besteht. In einer Lebensphase, die durch alterstypische Unsicherheiten gekennzeichnet ist, werden junge Frauen mit widersprüchlichen gesellschaftlichen Entwicklungsanforderungen konfrontiert. Eine angemessene Bewältigung dieser Problemlage fällt ihnen vor allem dann schwer, wenn sie von ihrer Familie nach geschlechtsspezifischen kulturellen Normen "ausgerüstet" worden sind und das Erlernen eines flexiblen Umgangs mit Rollenanforderungen dadurch verhindert wurde.

So sind es vor allem geschlechtspolarisierende Strukturen, an deren Beibehaltung jedoch patriarchal-gesellschaftliches Interesse besteht, die eine frauenspezifische Orientierung an widersprüchlichen kulturellen Normen unterstützen und somit der Entwicklung einer Bulimie Vorschub leisten. Daß diese Symptomatik kulturell bereitgestellt wird und sich als eine "Freundin" in der Not geradezu aufdrängt, konnte anhand einer Betrachtung kulturhistorisch gewachsener Normen bezüglich Nahrung und Körper verständlich gemacht werden.

Zwischen Gesellschaft, Kultur, Familie und bulimischer Frau bestehen folglich dynamische und wechselseitige Beziehungen. Kulturelle und gesellschaftliche Normen und Werte, insbesondere vermittelt über die Familie, bedingen individuelle Ressourcen und Handlungsmöglichkeiten. Durch ihre nach außen gezeigte Normenkonformität bestätigt und unterstützt die bulimische Frau geschlechtspolarisierende Strukturen und herrschende kulturelle Normen, die wiederum die Entwicklung einer Bulimie begünstigen.

Ebenso wurde deutlich, in welchem Maße auch kulturelle Einstellungen zur Bulimie das Erleben bulimischer Frauen beeinflussen. Auf der individuellen Ebene bestehen ebenfalls wechselseitige Prozesse zwischen Symptom und emotionaler Befindlichkeit (siehe Abb.1, 2, 3), und auch die sozialen Beziehungsformen stellen nach WARDETZKI (1996) Ursache und Wirkung der Bulimie zugleich dar.

In Abbildung 4 wird dieses entwickelte Verständnis der Bulimie zusammenfassend abgebildet. Der Aspekt der Wechselwirkung und der gegenseitigen Beeinflussung zwischen junger Frau und soziokultureller Umwelt wird graphisch deutlich kenntlich gemacht. Erst beide Faktoren in ihrer wechselseitigen Dynamik gesehen ermöglicht ein umfassendes Verständnis des Phänomens Bulimie. Ergänzend wird ebenfalls mittels Pfeile auf die Wechselwirkungen zwischen bulimischem Verhalten und individuellem Erleben der bulimischen Frau bzw. zwischen Bulimie und ihrem soziokulturellen Kontext hingewiesen. Innerhalb dieses Gefüges wird ebenfalls die Funktion der Bulimie als Konfliktlösungsstrategie und Selbstheilungsversuch verständlich.

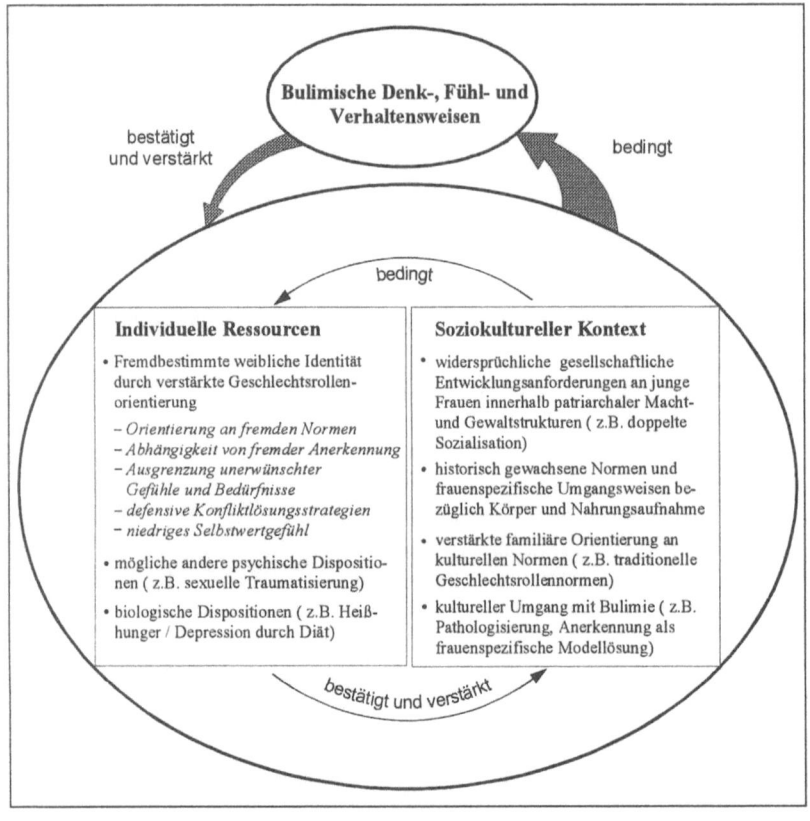

Abbildung 4   Zum Verständnis der Bulimie bei jungen Frauen

Was bedeuten diese Erkenntnisse für die praktische Arbeit? Welche spezifischen Aspekte bedingt das Verständnis der Bulimie als soziokulturelles Phänomen für Therapie, Beratung, Selbsthilfe und Prävention? Welche Unterstützungsmöglichkeiten sollten bulimischen Frauen vor diesem Hintergrund zur Verfügung stehen? Wie sähe ein solches Konzept in der Praxis aus und wie würden es bulimische Frauen erleben?

Im nächsten Kapitel sollen der Leserin und dem Leser Antworten auf diese Fragen sowie Anregungen und Ideen vorgestellt werden.

4. Konsequenzen für die Praxis

Ist es angesichts zahlreicher vorhandener Behandlungskonzepte überhaupt notwendig, neue Ideen für die Praxis zu entwickeln?

Ein Blick auf die im zweiten Kapitel zitierten Behandlungsergebnisse läßt eine durchschnittliche Erfolgsquote hinsichtlich der Verbesserung des Eßverhaltens von 50 bis 60 Prozent feststellen. Inwieweit diese mittelmäßigen Behandlungsergebnisse auf individuelle, symptomatologische oder konzeptionelle Faktoren zurückzuführen sind, kann nicht eindeutig festgestellt werden. So bliebe in zukünftigen Studien zu überprüfen, ob eine mangelnde konzeptionelle Integration soziokultureller Faktoren möglicherweise die Vorenthaltung notwendiger, spezifischer Unterstützungsmaßnahmen bedingt. In der jüngeren Literatur besteht jedoch aufgrund der mittelmäßigen Behandlungsergebnisse eine verstärkte Tendenz zur Forderung nach neuen praktischen Ansätzen (z.B. GERLINGHOFF & BACKMUND, 1995; STAHR ET AL., 1995).

In diesem Kapitel sollen daher Konsequenzen und Implikationen für die beratende oder therapeutische Praxis vorgestellt werden, die nicht länger die soziokulturelle Dimension der Bulimie unberücksichtigt lassen. Am Beispiel einer Selbsthilfegruppe zeigt sich im Anschluß daran eine Möglichkeit zur Integration dieser Aspekte in ein praktisches Konzept.

4.1 Frauenspezifische Unterstützungsmaßnahmen

Das Beschreibung der Bulimie als soziokulturelles Phänomen hat nicht nur Auswirkungen auf ihr Verständnis, sondern bringt ebenfalls spezifische Konsequenzen für die Praxis mit sich. Sie beziehen sich sowohl auf die Inhalte von Unterstützungsangeboten für bulimische Frauen als auch auf die Ziele, auf die diese ausgerichtet sein sollten.

Inhalte frauenspezifischer Unterstützungsmaßnahmen

In Tabelle 8 sind sieben inhaltliche Aspekte frauenspezifischer Unterstützungsmaßnahmen bei Bulimie zusammengefaßt. Inwieweit gerade sie den soziokulturellen Kontext berücksichtigen, wird in den anschließenden Erläuterungen ausführlich dargelegt.

Tabelle 8 Inhalte frauenspezifischer Unterstützungsmaßnahmen bei Bulimie

- Aufhebung von Pathologisierung durch Verständnis und Akzeptanz des Symptoms als sinnvolle Konfliktlösungsstrategie
- Aufhebung von Individualisierung durch Einbettung des individuellen Erlebens in patriarchal-gesellschaftliche Zusammenhänge
- Erlernen angemessener Konfliktlösungsstrategien und Ausdrucksmöglichkeiten durch Geschlechtsrollenmodifikation
- Selbstwertförderung
- Förderung des Körperbewußtseins und einer körpergerechten Eßrhythmik
- Herstellen einer schützenden Atmosphäre der Gleichberechtigung, Solidarität und Akzeptanz
- Informationen über physiologische Bedingungen der Bulimie

- Aufhebung von Pathologisierung durch Verständnis und Akzeptanz des Symptoms als sinnvolle Konfliktlösungsstrategie :

Sieht die bulimische Frau sich nicht als Opfer einer Krankheit, kann sie sich als handelndes Individuum begreifen, das fähig ist, sich für alternative Denk-, Fühl- und Verhaltensweisen zu entscheiden. Die Aufhebung der Pathologisierung geht einher mit einer Betonung der Eigenverantwortlichkeit und Entscheidungsfreiheit. Um eine kontraindizierte Pathologisierung in der Praxis zu vermeiden, sollte, wie bereits SCHIMPF (1995) betont, das Darlegen von Theorien zur Entstehung und Behandlung der Bulimie vermieden werden. Verallgemeinernde Theorien werden selten der polyvalenten bulimischen Symptomatik gerecht. Sie erschweren der betroffenen Frau daher nicht nur das Finden eigener Lösungsmöglichkeiten, sondern können aufgrund ihrer enthaltenen Einschränkungen und Defizitorientierungen nach KLINGENSPOR (1989) im Sinne einer sich selbsterfüllenden Prophezeiung wirken.

Die Annahme und Wertschätzung der Bulimie sowohl durch die therapierende oder beratende Person als auch durch die bulimische Frau muß, ohne die Bulimie zu bagatellisieren oder zu verharmlosen, die Grundlage weiterer Schritte darstellen. Ihre Anerkennung als Konfliktlösungsstrategie ermöglicht bestehende Scham- und Schuldgefühle abzumildern, die zu Selbstabwertungen führen und somit den bulimischen Teufelskreis aufrechterhalten. Die Akzeptanz der Bulimie als verständliche Reaktion auf bestehende gesellschaftliche Mißstände und persönliche Problemlagen ermöglicht der bulimischen Frau, sich nicht länger als Versagerin zu fühlen. Statt gegen die Bulimie zu kämpfen - der Kampf gegen die Bulimie bedeutet den Kampf gegen Bedürfnisse und Gefühle der eigenen Person (GRÖNE, 1995b) -, muß die bulimische Frau unterstützt werden, ihr Symptom als Teil ihres Selbst anzunehmen.

Hilfreich ist, seine sinnvolle Funktion innerhalb des Lebenskontextes zu verstehen, denn nach GRÖNE (1995b) läßt sich ein positiv bewertetes Verhalten leichter aufgeben als ein negativ bewertetes. Ein Bewußtwerden, daß die Bulimie zu einem bestimmten Zeitpunkt die einzige Möglichkeit darstellte, um auftretende Konfliktlagen zu überstehen, gestattet der bulimischen Frau sie nicht länger als Ausdruck ihres persönlichen Unvermögens anzusehen. Statt dessen zeigt sich die Bulimie als "Freundin", die in einer Krise als einzige zur Stelle war, wenn es sich auch auf Dauer nicht um eine gesunde "Freundschaft" handelt.

Zu erkennen, daß das bulimische Verhalten nicht einfach "über sie kommt", sondern daß sie es braucht und für bestimmte Zwecke einsetzt, ermöglicht der bulimischen Frau die Übernahme von Verantwortung für das eigene bulimische Eßverhalten. Was in Eigenregie aktiv ausgeübt wird, dem ist sie nicht länger passiv ausgeliefert. Folglich stellt die Annahme des Symptoms als kreativer Teil der Persönlichkeit, der eine sinnvolle Funktion erfüllt, den ersten Schritt dar, um die Bulimie danach selbstbestimmt loslassen zu können.

Einflußreich ist in diesem Zusammenhang die Sprache der behandelnden Person. Wie GRÖNE (1995b) darstellt, kann die Wortwahl eine Pathologisierung unterstützen und Probleme chronifizieren. Eine lösungsorientierte Wortwahl vermeidet Ausdrucksweisen wie "sie *hat* Bulimie, sie *ist* bulimisch" und bevorzugt statt dessen die Beschreibungen "sie *zeigt* oder *nutzt* bulimisches Verhalten", denn sie implizieren eine Interpretation der Bulimie als veränderbares Verhalten in einem bestimmten Kontext. Bulimisch zu *sein* bedeutet dagegen, eine Eigenschaft zu besitzen, die im Gegensatz zu einer Verhaltensweise nur schwer veränderbar erscheint.

Eine Fokussierung auf ursächliche Faktoren und die ausschließliche Aufarbeitung früher Lebensphasen, wie es vor allem in älteren psychoanalytischen Behandlungskonzepten vorgesehen ist, unterstützt dagegen den Glauben an

Persönlichkeitsdefizite und ein hoffnungsloses Ausgeliefertsein an ein unabwendbares Schicksal.

- Aufhebung der Individualisierung durch Einbettung des individuellen Erlebens in patriarchal-gesellschaftliche Zusammenhänge :

Die Aufhebung der Individualisierung unterstützt die heilsame Aufhebung der Pathologisierung. Dabei ist nicht das Ziel, die bulimische Frau Schuldzuweisungen an äußere Bedingungen richten zu lassen, sondern daß sie ihre Bulimie als kulturell bereitgestellte Reaktion auf kollektive Konflikte begreifen kann. Die Einbettung der eigenen Familien- und Entwicklungsgeschichte in patriarchal-gesellschaftliche Zusammenhänge läßt die bulimische Frau erkennen, daß ihre Entwicklungsgeschichte kein Einzelfall ist. Statt Schuldzuweisungen an die eigene Person zu richten, die in Scham und Selbstabwertungen münden, kann sie Gemeinsamkeiten zur Lebensrealität anderer, auch nicht bulimischer Frauen entdecken. Gefühle der Isolation, des persönlichen Versagens und Unvermögens und des unbeeinflußbaren Ausgeliefertseins an ein unerbittliches Schicksal werden auf diese Weise abgemildert.

An dieser Stelle kann eine kritische Betrachtung der Dauerglückerwartung bezüglich zukünftiger symptomfreier Zeiten hilfreich sein. Indem die bulimische Frau entdeckt, daß ein Leben ohne Bulimie nicht ein Leben ohne Probleme bedeutet, werden der Eßstörung zugrundeliegende Konflikte innerhalb der weiblichen Lebenswelt deutlich. Die Frage lautet nun: "wie kann ich die Probleme, die ein Leben als Frau in unserer Gesellschaft mit sich bringt, bekömmlicher lösen?".

Dieser Rückbezug individueller Problemlagen auf gesellschaftlich bedingte Konflikte ermöglicht die Erkenntnis, sich als Teil des Gesellschaftssystems zu begreifen. Ein Teil von etwas sein bedeutet, an Veränderungen des Ganzen mitwirken zu können. Die in die Bulimie investierte Kraft, die sich dort gegen die eigene Person richtet, kann so von den betroffenen Frauen in adäquatere Bahnen gelenkt und auf konkrete äußere Ziele gerichtet werden.

Auch eine Reflexion des geschlechtsspezifischen kulturellen Umgangs mit Nahrung und Körper unterstützt die bulimischen Frauen, sich nicht länger als abnorm zu bewerten. Ähnlichkeiten zum Eßverhalten und zur Körperformung nicht bulimischer Frauen werden deutlich. Beides trägt dazu bei, Selbstabwertungen und Gefühle der Scham und Isolation abzubauen, die einen erheblichen Beitrag zur Aufrechterhaltung des bulimischen Teufelskreises leisten.

- Erlernen angemessener Konfliktlösungsstrategien und Ausdrucksmöglichkeiten durch Geschlechtsrollenmodifikation :

Die verstärkte Orientierung an traditionellen Rollenstereotypen stellt den größten Risikofaktor zur Entwicklung und Aufrechterhaltung der Bulimie dar (KLINGENSPOR, 1989). Sie führt zum Versuch, widersprüchliche Entwicklungsaufgaben erfüllen zu wollen und zur verstärkten Abhängigkeit von der Anerkennung anderer. Dadurch gewinnen äußere Attribute, allen voran normgerechte Schlankheit, eine lebenswichtige Bedeutung. Diese Erfüllung unrealistischer Schlankheitsnormen und ambivalenter Anforderungen geht mit der Deprivation körperlicher und psychischer Bedürfnisse einher.

Es konnte herausgearbeitet werden, daß die Bulimie an dieser Stelle die Funktion einer Konfliktlösungsstrategie übernimmt. Gemäß frühester, geschlechtsspezifischer Lernerfahrungen gibt die bulimische Frau traditionell weiblichen Lösungsstrategien den Vorzug. Dazu zählen Verhaltensweisen wie sich Zurücknehmen, Schweigen, die Schuld-auf-sich-Nehmen oder verstärktes Bemühen um die Bedürfnisse anderer. Offene Auseinandersetzungen, das Durchsetzen eigener Interessen oder das Verlassen auf eigene Fähigkeiten und Maßstäbe, die als traditionell männliche Eigenschaften gelten, gehören nicht zum Verhaltensrepertoire bulimischer Frauen (FOCKS, 1994; KLINGENSPOR, 1989; KRÄMER, 1988).

Frauenspezifische Unterstützungsmaßnahmen müssen folglich die Erweiterung der traditionellen weiblichen Geschlechtsrolle um traditionelle männliche Verhaltensoptionen in den Vordergrund stellen. Um angesichts unterschiedlicher Konflikte und widersprüchlicher Anforderungen nicht auf die Bulimie zurückgreifen zu müssen, bedarf es des Erlernens und Ausprobierens von Konfliktlösungsstrategien, die eine Befriedigung physischer und psychischer Bedürfnisse gestatten.

Dazu gehört ebenso die Suche nach "gesunden" Umgangsformen mit Gefühlen der Aggression, Wut, Neid oder Eifersucht wie auch die Integration ausgegrenzter und verschütteter Gefühle der Bedürftigkeit. Letzteres schließt eine Auseinandersetzung mit der eigenen Entwicklungsgeschichte ein. Damit verbunden ist ein Bewußtwerden, "Nach-Fühlen" und Verarbeiten zurückliegender Deprivation und möglicher traumatischer Erfahrungen (z.B. sexueller Mißbrauch). Förderlich erscheint an dieser Stelle die Suche nach neuen Ausdrucksformen für Befindlichkeiten, die nicht in weiblicher Tradition den eigenen Körper mißbrauchen. Neue "Sprachrohre" können zur "gesunden" Umgangsform mit lebensbeschneidenden kulturellen Normen und patriarchalen Strukturen werden.

Die Entwicklung adäquater Konfliktlösungsstrategien und neuer Ausdrucksformen für Befindlichkeiten bedeutet für die bulimische Frau das Verlassen langjähriger, sicherheitsspendender Gewohnheiten. Das Betreten des Neulandes bedeutet dagegen Widerstand gegen bestehende Ansprüche und Erwartungen auf privater und gesellschaftlicher Ebene. Auf lange Sicht gesehen wird jedoch gerade dieses neue Kapital ihr die nötige Stabilität verschaffen, um Gefühle der Sicherheit und persönlichen Wertschätzung nicht mehr vom Erfüllen fremder Erwartungen und vom Einhalten fremder Körpernormen abhängig machen zu müssen.

Ein weiterer Aspekt zur Förderung adäquater Konfliktlösungsstrategien stellt die Bewußtmachung von bestehenden Hilfsangeboten dar. Sich Hilfe, Rat und Unterstützung holen zu können, bedeutet für die bulimische Frau vor allem, die Fassade der perfekten und starken Frau aufzugeben. Wissen, wo Hilfsangebote zu finden sind, und lernen, sie anzunehmen, heißt Verantwortungsübernahme für den Umgang mit überfordernden Problemsituationen.

- Selbstwertförderung :

Das Vertrauen in die eigenen Kräfte, Stärken und Fähigkeiten tritt bereits bei jungen Mädchen, vor allem zum Zeitpunkt der Pubertät, zugunsten von Gefühlen der Verunsicherung und des Selbstwertverlustes zurück. Das Einhalten strenger Schlankheitsnormen verspricht an dieser Stelle Sicherheit und Stabilität. Der Wert der eigenen Person wird nun am männlichen Blick auf den eigenen Körper abgemessen (FLAAKE, 1992; KLINGENSPOR, 1989). Mangelndes Selbstwertgefühl führt folglich zu einer erhöhten Orientierung an herrschenden Normen und zu einer verstärkten Abhängigkeit von äußerem Lob, womit nach FOCKS (1994) der Entwicklung einer Bulimie der Weg bereitet ist. Sie wiederum führt zu Scham, verstärkter Selbstabwertung und zur fortgesetzten Minimierung des Selbstbewußtseins.

Mit der Entwicklung bekömmlicher Konfliktlösungsstrategien ist jedoch ein Verstoß gegen herrschende Weiblichkeitsnormen, eine Unabhängigkeit von äußerem Lob und von unrealistischen Schönheitsnormen verbunden. Die Akzeptanz der eigenen Lebensgeschichte, die auch die Bulimie sowie unerwünschte Gefühle und Bedürfnisse einschließt, verstärkt die innere Einstellung "richtig zu sein", ohne äußeren Ansprüchen perfekt gerecht zu werden.

Um diesen heilsamen Schritt vollziehen zu können, brauchen bulimische Frauen folglich ein Höchstmaß an Unterstützung. Statt in Therapie oder Beratung ihre Defizite herauszuarbeiten oder ihre Schwächen und Unzulänglichkeiten als Begründung und Motivation für Verhaltensmodifikationen heranzuziehen, sollten vorhandene Fähigkeiten ausgebaut und gestärkt werden.

So weist auch SCHMIDT (1989) darauf hin, daß bulimische Frauen meist alle Ressourcen zur Problemlösung bereits in sich tragen. Indem die bulimische Frau erkennt, daß sie durchaus fähig ist, bestimmte Situationen ohne Rückgriff auf die Bulimie zu meistern, werden Selbstheilungskräfte aktiviert, die ihr Kompetenzerleben stärken. Dieses Wissen um eigene Stärken und Fähigkeiten leistet einen entscheidenden Beitrag zum Abbau von Scham- und Unzulänglichkeitsgefühlen und damit zum Aufbau des Selbstbewußtseins. Es fördert das Vertrauen in die eigene Kraft und unterstützt die Entwicklung und Durchsetzung angemessener Konfliktlösungsstrategien und eigener Lebensperspektiven.

- Förderung des Körperbewußtseins und einer körpergerechten Eßrhythmik

Unrealistische Vorstellungen bezüglich der eigenen Körpermaße, die Ablehnung bestimmter Körperpartien oder die mangelnde Wahrnehmung der Körpergrenzen sind Symptome der häufig diagnostizierten Körperbildstörung bulimischer Frauen. Sie gehen nach TEEGEN (1992) einher mit verstärkter Selbstabwertung und Abhängigkeit von äußerer Bestätigung bezüglich des eigenen Aussehens. Außerdem ist der Umgang bulimischer Frauen mit ihrem Körper gekennzeichnet durch Mißdeutung und Mißachtung seiner Befindlichkeiten. So werden beispielsweise Bedürfnisse nach Wärme, Ausruhen oder Bewegung nicht angemessen befriedigt, sondern mit bulimischen Eßverhalten beantwortet (siehe Tab. 2). Kontrolle, Beherrschung, Formung, Normierung und Bekämpfung des Körpers füllen den Alltag bulimischer Frauen.

Auf dieser körperlichen Ebene spiegelt sich ihr unbarmherziger Umgang mit der eigenen Person und ihren Bedürfnissen deutlich wider. Eine Unterstützung zum Wahrnehmen, Wertschätzen und Annehmen des eigenen Körpers und seiner Bedürfnisse stellt folglich einen bedeutenden Faktor für die Loslösung von der bulimischen Symptomatik dar.

Auch bezüglich des Eßverhaltens sollte die Förderung einer eigenen Eßrhythmik fernab von reglementierten Essensplänen und Gewichtstabellen im Vordergrund stehen. Statt der kulturell propagierten Körperkontrolle und Selbstbeherrschung geht es dabei um die Entwicklung der Wahrnehmung von Hunger- und Sättigungsgefühlen. Die Unterscheidung von Gefühlen des Hungers, des Appetits und der Gier ermöglichen einen eigenverantwortlichen und selbstregulativen Umgang mit dem eigenen Eßverhalten.

Gemäß der Theorie zur Ernährung von GNIECH (1995) über die "Weisheit" des Körpers geht es auch bei bulimischen Frau um die Entwicklung von Vertrauen in das "Expertentum" ihres eigenen Körpers. Den Körper entscheiden lassen, was ihm gut tut, und ihm zukommen lassen, was er braucht, ermöglichen die Unabhängigkeit von fremden Körpernormen, der Waage und von Ernährungsvorschriften. Statt dessen kann sich so ein individuelles Set-point-Gewicht einpendeln.

Auf lange Sicht bietet sich für die bulimische Frau auf diesem Wege die Chance zum Aufgeben von Körperkontrolle und selbstbeherrschter Nahrungsaufnahme zugunsten eines lust- und verantwortungsvollen Eßverhaltens.

Dieser Aspekt unterscheidet sich deutlich von zahlreichen Therapiekonzepten, die Gewichtskorrekturen gemäß Normalgewichtstabellen zu Therapiezielen und zu Maßstäben für Therapieerfolge erklären. So bezieht beispielsweise BACHMANN (1985) ebenso wie FAIRBURN ET AL. (1993b) in ihrem verhaltenstherapeutischen Konzept strenge Essenspläne in die Behandlung ein, die der bulimischen Frau die täglich aufzunehmende Kalorienmenge vorschreiben. Auch LINDER (1993) gibt in ihrem Erfahrungsbericht zur Bulimie betroffenen Leserinnen den Rat, sich langfristig an Diätpläne zu halten, die eine Vollwerternährung berücksichtigen. Denn ihrer Ansicht nach müssen ehemals bulimische Frauen bezüglich des Essens immer vor sich selbst auf der Hut bleiben.

- Herstellen einer schützenden Atmosphäre der Gleichberechtigung, Solidarität und Akzeptanz :

Von entscheidender Bedeutung für den Heilungsprozeß ist innerhalb der therapeutischen oder beratenden Beziehung die Vermeidung von Strukturen, die dem rigiden Familiensystem bulimischer Frauen entsprechen (siehe Tab.5). Starre und entmündigende Regeln, Leistungsdruck, Kontrolle, Ignorieren individueller Wünsche, Verbot von Schwäche, Überschreiten von persönlichen Grenzen und "Schutzwällen" oder fehlende Akzeptanz individueller Lösungswege müssen innerhalb der Behandlungskonzepte in jeder Form vermieden werden. In vertrauter Tradition unterstützen sie altbewährtes Verhalten der bulimischen Frau, denn das Einhalten von Disziplin und die Erfüllung fremder Regeln und Ansprüche über persönliche Grenzen hinaus, zählen nach FOCKS (1994) zu ihren früh erworbenen Fähigkeiten.

Einen besonderen Stellenwert nimmt dabei der Aspekt Autonomie ein. Die Entwicklung von Autonomie wurde bei den bulimischen Frauen maßgeblich durch ein rigides Familiensystem und die Orientierung an fremden Weiblichkeitsnormen verhindert. Nach DECHARMS (1968, zit. nach HECKHAUSEN, 1989) stellt die Selbstbestimmung ein Leitprinzip des menschlichen Handelns dar und entspricht der primären Motivation, sich als Verursacher von Änderungen in der Umwelt zu erleben. Normen, Zwänge, Kontrolle und andere Anforderungen der Umwelt können die Selbstbestimmung einschränken bis hin zum Gefühl der totalen Abhängigkeit. Es entstehen daraufhin Gefühle des Ausgeliefertseins, der

Hoffnungslosigkeit, der persönlichen Inkompetenz und Kraftlosigkeit. Folglich muß die Entwicklung von Autonomie besonders beachtet werden, um Verhaltens- und Einstellungsänderungen zu bewirken. Dazu gehört eine Unterstützung, die die bulimische Frau ihre eigenen Wege finden läßt, welche nicht immer den vorgeschlagenen Wegen der behandelnden Person entsprechen müssen. "Du mußt nicht meinen Erwartungen entsprechen, du mußt nicht so sein, wie ich bin", sind wichtige, indirekt an die bulimische Frau zu richtende Botschaften. Auch sollten strenge Behandlungskonzepte, die nach dem Motto "wir wissen schon, was gut für dich ist" verfahren, vermieden werden.

Statt fremde Regeln zu erfüllen, muß für die bulimische Frau das Finden ihrer eigenen "gesunden" Regeln im Mittelpunkt des Behandlungsprozesses stehen. Das Eingestehen und Zulassen verschütteter Bedürfnisse, unterdrückter Gefühle, versteckter Verhaltensweisen oder das Experimentieren mit neuen Konfliktlösungsstrategien bedeuten für sie Schritte auf dünnem Eis. Auch das Erlernen eines neuen Umgangs mit dem eigenen Körper mittels Körperübungen verschiedenster Art verlangt eine sichere Atmosphäre und einen behutsamen Umgang. Grenzüberschreitungen, Bloßstellungen, Mißbrauch, Verunsicherungen und Demütigungen zählen in unterschiedlichen Ausprägungen auf körperlicher und psychischer Ebene zu häufig durchlebten Erfahrungen bulimischer Frauen.

Folglich muß die therapeutische oder beratende Situation einen vertrauensvollen Schutzraum darstellen, der von einem Klima der Gleichberechtigung, Solidarität und Akzeptanz geprägt ist. In diesem Schutzraum verlieren für die bulimische Frau das sich Repräsentierenmüssen und das "Dasein" für andere an Bedeutung. Sie kann erfahren, daß sie nicht aufgrund ihrer perfekten Außenfassade und ihrer Aufopferungshaltung geschätzt wird. Ihre Bedürfnisse erlebt sie statt dessen als gleichberechtigt mit denen der behandelnden Person. Die Integration ausgegrenzter Seinsweisen in das eigene Gefühls- und Verhaltensrepertoire wird nicht in gewohnter Weise sanktioniert, sondern unterstützt. Wird ihr Empathie, Ehrlichkeit, Flexibilität und Offenheit entgegengebracht, erleichtert dies der bulimischen Frau das Ausprobieren neuer Konfliktlösungsstrategien. Das Akzeptieren ihrer schützenden Grenzen läßt sie ein selbstbestimmtes Tempo für ihre Entwicklungsschritte finden.

Statt die therapeutische oder beratende Intervention auf ein spezifisches Ziel (z.B. Erreichen eines bestimmten Gewichts) auszurichten, sollte, wie bereits GRÖNE (1995b) feststellt, die Herstellung möglichst günstiger Bedingungen für Veränderungen und Entwicklungen im Mittelpunkt stehen. Welche Reaktionen oder Veränderungen diese Anregungen bei der bulimischen Frau bewirken, ist nicht vorhersagbar, denn viele Wege führen aus der Bulimie.

Mehrere therapeutische Behandlungskonzepte stehen zu diesem Aspekt im Gegensatz. PAUL und JACOBI (1989) beispielsweise erklären in ihrem verhaltenstherapeutischen Behandlungsprogramm die Teilnahme an Körperübungen in enganliegenden Gymnastikanzügen zur Pflicht, um negative Reaktionen durch die Konfrontation mit dem Körper hervorzurufen. Ebenso steht der Einbezug von Videokonfrontationen (die Patientinnen nehmen vor der Kamera bestimmte Haltungen ein, mit Hilfe des Zooms werden verschiedene Körperteile klarer hervorgehoben, die Reaktion der Gruppe auf den Film werden anschließend diskutiert) in ein Behandlungskonzept bei VANDEREYCKEN (1989) und VANDEREYCKEN ET AL. (1988) im Gegensatz zur Forderung nach einer schützenden und wertschätzenden Atmosphäre, in der physische und psychische Grenzen der bulimischen Frau nicht überschritten, sie zu einem liebevollen Umgang mit dem eigenen Körper und zur Aufgabe fremder Maßstäbe bezüglich ihres Körperumfangs angeregt werden soll.

- Informationen über physiologische Bedingungen der Bulimie :

Unbedingt erforderlich ist das Informieren der bulimischen Frau über die physischen Begleiterscheinungen des Diäthaltens und über Theorien zum Setpoint-Gewicht. Ihr zu verdeutlichen, daß ein Eßanfall am Ende eines Fastentages kein persönliches Versagen, sondern eine körperliche Überlebensstrategie darstellt, bedeutet auch einen kleinen Schritt in Richtung Entpsychologisierung des Eßverhaltens. Die bulimische Frau kann so erfahren, daß die Nahrungsaufnahme nicht nur psychischen und rationalen Steuerungsmechanismen unterliegt, sondern daß es sich zu allererst um ein Bedürfnis des Körpers handelt.

Desweiteren sind sogenannte symptomakzeptierende Aufklärungen nötig, die die akute bulimische Phase erleichtern (z.B. die Einnahme von Mineralien, Aufklärung über Amenorrhöe oder Zahnpflege). Statt beängstigender Aufzählung von möglichen physischen Folgeerscheinungen des bulimischen Eßverhaltens sind ärztliche Untersuchungen zu befürworten. Sie sollten für die bulimische Frau als Akt der Verantwortungsübernahme für die eigene Befindlichkeit und zum Abbau von Ängsten bezüglich der Folgeerscheinungen genutzt werden können.

Ziele frauenspezifischer Unterstützungsmaßnahmen

Die Beschreibung der Bulimie innerhalb ihres soziokulturellen Kontextes bringt ebenfalls Konsequenzen für die Ziele einer Behandlung bulimischer Frauen mit sich. Für die dauerhafte Aufgabe der Bulimie zugunsten einer bekömmlichen Lebensweise lassen sich daraus spezifische Voraussetzungen ableiten. In Tabelle 9 sind diese Voraussetzungen als Ziele der in Tabelle 8 wiedergegebenen frauenspezifischen Unterstützungsmaßnahmen zusammengefaßt.

Tabelle 9 Ziele frauenspezifischer Unterstützungsmaßnahmen bei Bulimie

- Entwicklung einer selbstbestimmten Lebensperspektive und eines selbstverantwortlichen Umgangs mit dem eigenen Leben
- Entwicklung einer selbstbestimmten weiblichen Identität abseits fremdbestimmter Weiblichkeits- und Körpernormen
- Aufgeben des bulimischen Eßverhaltens zugunsten einer selbstbestimmten, körpergerechten Eßrhythmik

Das erste Ziel der vorgestellten Unterstützungsmaßnahmen beinhaltet einen adäquaten Umgang mit den widersprüchlichen gesellschaftlichen Erwartungen an die moderne junge Frau. Statt Anpassung an diese bestehenden Normen ermöglicht die Entwicklung von Lebensvorstellungen nach eigenen Wünschen und Maßstäben die Abkehr von einengenden Strukturen. Der selbstverantwortliche und eigenwillige Umgang mit dem eigenen Leben läßt die eigene Gesundheit zum Wachstums- und Entwicklungspotential werden.

In engem Zusammenhang dazu steht die Entwicklung einer selbstbestimmten weiblichen Identität. Gerade im Zeitalter der Individualisierung wird der flexible, situationsgebundene Umgang mit Verhaltensoptionen und die Orientierung an eigenen Weiblichkeitsmaßstäben zum stabilisierenden Faktor und verringert zwei Risikofaktoren zur Aufrechterhaltung der Bulimie: die Abhängigkeit von fremden Körpernormen und die Ausrichtung an traditionell weiblichen Verhaltensoptionen.

Das dritte Ziel impliziert die Verabschiedung vom bulimischen Eßverhalten. Ein Leben ohne Bulimie wird maßgeblich unterstützt durch eine selbstbestimmte weibliche Identität und eigenständige Lebensführung. Die Entwicklung einer eigenen Eßrhythmik beinhaltet einen angemessenen Umgang mit dem eigenen Körper, der der von FOCKS (1994) benannten kulturellen Dichotomisierung von kontrollierendem Geist und zu kontrollierendem Körper entgegenwirkt. Sie läßt den Alltag nicht mehr zwanghaft um das Thema Essen kreisen und verhilft zu einem Körpergewicht, das der eigenen Körperkonstitution gerecht wird. Das Wahrnehmen und Annehmen des eigenen Körpers führt zum Verzicht auf äußere Maßnahmen zur Körperformung.

Doch die Interessen unserer patriarchalen Gesellschaft stehen im Gegensatz zu einer selbstbestimmten Lebensweise, einer eigenständigen Identität und einer Akzeptanz des eigenen Körpers von Frauen. Das Prinzip der geschlechtsspezifischen Arbeitsteilung, welches unser Wirtschaftssystem aufrechterhält (KRÜLL, 1995), stützt die Beibehaltung der traditionellen Rollenzuschreibungen, die einer eigenen Lebensführung und stabilen Identität im Wege stehen. Daß in Gesellschaft und Wirtschaft wenig Bedarf an tatsächlicher Veränderung des weiblichen Lebenszusammenhangs zur Verringerung der bulimischen Symptomatik besteht, wurde bereits ausführlich thematisiert. Es muß daher in den therapeutischen oder beratenden Prozeß einbezogen werden, daß die bulimische Frau auf privater und öffentlicher Ebene mit wenig Unterstützung und Anerkennung bei Erreichen der Ziele rechnen muß.

Die Entwicklung von Behandlungsmethoden und -modellen zur praktischen Realisierung dieser theoretisch erarbeiteten Behandlungsinhalte stellt den nächsten Schritt zur Integration des soziokulturellen Hintergrunds der Bulimie in die praktische Arbeit mit bulimischen Frauen dar. Am Beispiel Selbsthilfe soll der Leserin und dem Leser abschließend eine Möglichkeit vorgestellt werden, wie der soziokulturelle Kontext der Bulimie auch in der Praxis Berücksichtigung finden kann.

4.2 Zum Beispiel Selbsthilfe

Am Beispiel einer Bremer Selbsthilfegruppe soll nun eine von sicherlich zahlreichen Möglichkeiten vorgestellt werden, wie sich das, was im vorangegangenen Kapitel theoretisch erarbeitet wurde, in die Praxis umsetzen läßt. Inwieweit dieses Gruppenangebot als hilfreiche Unterstützung zu bewerten ist, werden die Expertinnen, fünf bulimische Gruppenteilnehmerinnen, im Anschluß an die Vorstellung des Gruppenkonzeptes selbst mitteilen.

Das Selbsthilfegruppenkonzept

Angeboten wird dieses Gruppenangebot seit einigen Jahren von den *Gewitterziegen* e.V., einer stadtteilbezogenen Einrichtung zur Förderung feministischer Mädchenarbeit in Bremen, die für die Altersgruppe der Acht- bis Achtundzwanzigjährigen ein offenes, freizeitorientiertes Programm anbietet: Malen, Fotografieren, Video, Theater, Mädchencafe, Ferienaktivitäten, Hausaufgabenhilfe und vieles mehr.

Als im Frühjahr 1992 ein neues Gruppenangebot zur Auseinandersetzung mit den Themen Aussehen und Eßverhalten in das Programm aufgenommen wurde, meldeten ausschließlich junge Frauen mit Magersucht, Bulimie oder Eßsucht ihr Interesse zur Teilnahme an. Eher zufällig entstand so die erste angeleitete Selbsthilfegruppe. Während der praktischen Arbeit entwickelte sich im Kontakt und im wechselseitigen Austausch mit den Gruppenmitgliedern die Gestaltung der Gruppenabende. Zusammen mit den Teilnehmerinnen entstand auf diese Weise ein Selbsthilfegruppenkonzept, das schließlich in einer gemeinsam erstellten Dokumentation festgehalten wurde (BROCKFELD & THIES, 1994).

Inzwischen haben bereits mehrere Generationen von Selbsthilfegruppen an diesem Angebot teilgenommen. Aufgenommen werden jedes Mal sechs bis acht Teilnehmerinnen möglichst gleicher Altersgruppe mit unterschiedlichen Formen extremen Eßverhaltens. Keine Aufnahme erfolgt bei männlichen Interessenten, erhöhter Komorbidität, extrem schlechter körperlicher oder psychischer Verfassung oder wenn das Angebot unfreiwillig (z.B. auf Wunsch der Eltern) wahrgenommen werden soll.

Vor Beginn erfolgt mit jeder Interessentin ein Vorgespräch. Das Vorgespräch dient einerseits dazu, eine arbeitsfähige Gruppe zusammenzustellen. Andererseits ermöglicht es der betroffenen Frau eine Überprüfung ihrer Motivation und Erwartung bezüglich einer Gruppenteilnahme.

Bulimische Frauen melden oft aufgrund von Selbstdiagnosen ihr Interesse an der Gruppenteilnahme an und haben keine offizielle Bestätigung ihrer Diagnose eingeholt. Diese Selbsteinschätzung erscheint im Laufe des Vorgespräches erfahrungsgemäß als zutreffend. Akzeptiert wird sie jedoch vor allem durch eine respektvolle Einstellung gegenüber der hilfesuchenden Frau, die ihr Bedürfnis nach Unterstützung und Kontaktaufnahme in einer Krisensituation für das entscheidende Kriterium einer Gruppenaufnahme hält.

Das Treffen der Gruppe findet einmal pro Woche für drei Stunden statt. Diese Gruppenabende haben eine offene Struktur. Nach Bedarf werden Gespräche geführt oder können individuelle Probleme ausführlich dargelegt werden. Weitere Möglichkeiten stellen die Arbeit mit dem Körper (z.B. Wahrnehmungsübungen per Phantasiereise, Entspannungsübungen, Selbstmassagen) und mit kreativen Medien (z.B. Malen, Fotografie, Collagen, Schreiben) zu selbstgewählten oder von den Anleiterinnen vorgeschlagenen Themen dar. Die Teilnahme an der Gruppe ist verbindlich. Regelmäßiges Erscheinen wird vorausgesetzt. Da sich die Teilnehmerinnen, fast ausnahmslos Schülerinnen, Auszubildende, Studentinnen und Sozialhilfeempfängerinnen, zumeist in finanziell schlecht gestellten Situationen befinden, ist die Teilnahme kostenlos.

Konsequenzen für die Praxis - Zum Beispiel Selbsthilfe

Begleitet wird die Gruppe von zwei weiblichen Fachkräften. Hierbei erwies es sich als besonders hilfreich, wenn wenigstens eine der Anleiterinnen auf persönliche Erfahrungen mit einer zurückliegenden Eßstörung zurückblicken kann. Der Gruppenverlauf gliedert sich in fünf verschiedene Phasen, die in Abbildung 5 dargestellt werden. Nach der Vorgesprächsphase beginnt die einjährige Gruppenphase mit wöchentlicher Anleitung durch zwei Fachkräfte. Zu Anfang wird jede Teilnehmerin ermutigt, ihre persönliche Zielvorstellung zu formulieren. Jede Teilnehmerin sollte nach ihren Möglichkeiten und Vorstellungen Nutzen aus der Teilnahme an der Gruppe ziehen. Ein für alle gültiges, konkretes Ziel besteht nicht. Diese individuellen Zielvorstellungen werden in der Mitte der Gruppenphase noch einmal zur Klärung des persönlichen Entwicklungsstands und weiterer gewünschter Schritte herangezogen, überprüft oder verändert.

Am Ende dieser einjährigen Phase findet eine gemeinsame Reflexion der Gruppenteilnahme jeder Einzelnen statt. Es besteht auf Wunsch die Möglichkeit, die Gruppe nun in Eigenregie fortzuführen. Dann steht ihr jeweils für ein Vierteljahr eine zweiwöchentliche und eine monatliche Anleitung von einer Fachkraft zur Verfügung, um den Übergang in eine unbegrenzte Phase der Selbständigkeit zu erleichtern.

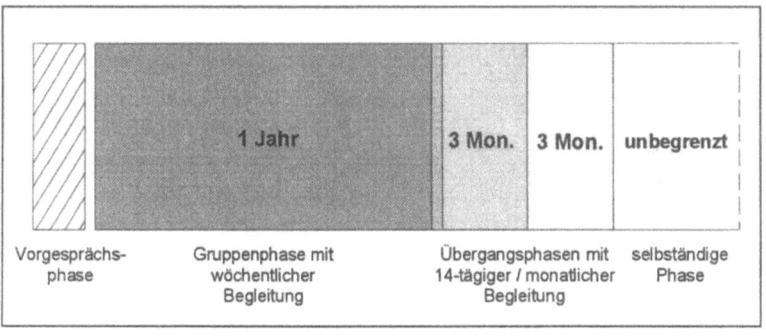

Abbildung 5 Verlaufsphasen der angeleiteten Selbsthilfegruppe für junge Frauen mit Eßstörungen im Mädchen- und Frauentreff *Gewitterziegen* e.V.

Das Selbsthilfegruppenkonzept

In Tabelle 10 sind die inhaltlichen Schwerpunkte des Selbsthilfegruppenkonzeptes und in Tabelle 11 Einstellungen und Aufgaben der Anleitung zusammenfassend dargestellt.

Tabelle 10 Inhaltliche Schwerpunkte des Konzeptes zur angeleiteten Selbsthilfegruppe für junge Frauen mit Eßstörungen im Mädchen- und Frauentreff *Gewitterziegen* e.V.

- Austausch statt Isolation
- Entdecken von Gemeinsamkeiten und Unterschieden
- Förderung der Kontaktfähigkeit
- Verständnis, Akzeptanz und Wertschätzung des Symptoms als "sinnvolle" und aktive Form der Konfliktlösung
- Stärkung des Selbstwertgefühls und der Selbstheilungskräfte
- Unterstützung bei Alltagsproblemen und besonderen Krisensituationen
- Wahrnehmung und Äußerung von Gefühlen und Bedürfnissen
- Suche nach neuen individuellen und gemeinsamen Umgangs- und Ausdrucksformen für Gefühle, Bedürfnisse, Konflikte, gesellschaftliche Mißstände
- Förderung der Körperwahrnehmung
- Förderung eines liebevollen, akzeptierenden Umgangs mit der eigenen Person und dem Körper
- Entwicklung selbstbestimmter Lebensentwürfe
- Reflexion der eigenen Entwicklungs- und Familiengeschichte vor dem Hintergrund patriarchaler Gesellschaftsstrukturen
- kritische Reflexion des herrschenden Frauenbildes
- offener Umgang mit Konflikten und Problemen innerhalb der Gruppe
- Förderung der Übernahme von Eigenverantwortung für weitere Schritte aus der Eßstörung bis hin zur Aufgabe des Symptoms
- Entwicklung realistischer individueller Zielvorstellungen bezüglich der Gruppenteilnahme
- Erarbeitung von Fähigkeiten zur selbständigen Weiterführung der Gruppe
- Informationsvermittlung über Psychotherapie und Kliniken

Tabelle 11 Zur Rolle der Anleitung im Konzept zur angeleiteten Selbsthilfegruppe für junge Frauen mit Eßstörungen im Mädchen- und Frauentreff *Gewitterziegen* e.V.

- Herstellung eines Schutzraumes und einer Atmosphäre der Wertschätzung, Gleichberechtigung, Solidarität und des Vertrauens
- keine Pathologisierung
- Hilfe zur Selbsthilfe geben
- Förderung gegenseitiger Unterstützungsmöglichkeiten
- Förderung der Gruppenselbständigkeit
- Förderung von individuellen Autonomiebestrebungen
- Akzeptanz individueller Zielvorstellungen
- so wenig reglementieren wie möglich, ohne Unverbindlichkeit und Oberflächlichkeit entstehen zu lassen
- Offenheit für Wünsche der Teilnehmerinnen
- Flexibilität bezüglich der Gruppenabendgestaltung
- Einbezug der Teilnehmerinnen in Entscheidungen, die die Gruppe betreffen
- Betonung der Fähigkeiten und Stärken, statt Suche nach Defiziten
- keine Dramatisierung oder Verharmlosung der Eßstörungen
- in Ausnahmefällen (z.B. auffällige Gewichtsabnahme) ärztliche Untersuchung zur Auflage für weitere Teilnahme erklären

Bereits die Integration dieses Selbsthilfegruppenangebots in eine freizeitorientierte Institution nimmt der Eßstörung den Status einer schwer behandelbaren Pathologie. Als ein Angebot unter vielen anderen, die dort genutzt werden können, ermöglicht es den betroffenen Frauen, sich als gleichwertige Mitglieder einer Einrichtung zu fühlen, die auf unterschiedliche Weise Mädchen und Frauen ein Forum für das Experimentieren mit neuen Verhaltensweisen, das Herausfinden eigener Stärken und Fähigkeiten, die Auseinandersetzung mit gesellschaftlichen Mißständen oder für eine Kontaktaufnahme bietet.

Weiterhin wirkt einer Pathologisierung der Bulimie entgegen, daß ihr Verständnis, Akzeptanz und Wertschätzung als "sinnvolle" und aktive Form der Konfliktlösung entgegengebracht wird. Indem außerdem das Herausarbeiten des Kompensationseffektes im Vordergrund steht, soll den Teilnehmerinnen ermöglicht werden, ihr bulimisches Eßverhalten als veränderbare Reaktion auf bestimmte Lebensumstände zu erkennen.

Die Gruppe als Ort des Austauschs und Kontakts mit "Gleichgesinnten" ermöglicht ein Aufheben der Individualisierung im realen Erleben. Durch das Erkennen von Gemeinsamkeiten sowohl innerhalb der individuellen Entwicklungsgeschichte als auch der aktuellen Lebenssituation kann die soziokulturelle Dimension der Bulimie erfahrbar werden. Reflexionen des herrschenden Frauenbildes und der eigenen Entwicklungs- und Familiengeschichte vor dem Hintergrund patriarchaler Gesellschaftsstrukturen ermöglichen auf einer Metaebene ein Verständnis der Bulimie als kulturell bereitgestellte Reaktion auf kollektive Konflikte.

Bereits durch die Einbettung des Gruppenangebots in die feministisch orientierte Angebotspalette eines Mädchen- und Frauentreffs wird den Teilnehmerinnen das Bewußtwerden eines Zusammenhangs von Bulimie und gesellschaftlichen Strukturen erleichtert. Ihre individuelle Eßstörung ist gleichberechtigter thematischer Bestandteil einer feministischen Institution, die sich der kreativen und kritischen Auseinandersetzung mit der weiblichen Lebenswelt widmet.

Die Suche nach neuen Umgangs-, Ausdrucks- und Lösungsformen für Gefühle, Bedürfnisse und Konflikte zählen zu den inhaltlichen Schwerpunkten des Konzeptes. Die Aneignung traditionell männlicher Verhaltensoptionen werden zwar nicht ausdrücklich erwähnt, sind aber darin enthalten. Gerade die Gruppensituation ermöglicht in besonderer Weise ein Experimentieren mit diesen neuen Konfliktlösungsstrategien im direkten Kontakt.

Auch die Selbstwertförderung nimmt einen entscheidenden Platz innerhalb des Konzeptes ein und soll auf verschiedene Weise unterstützt werden. Indem die Teilnehmerinnen dazu angeregt werden, persönliche Zielvorstellungen zu formulieren, wird die Übernahme von Eigenverantwortung für das eigene Verhalten gefördert. Diese Haltung impliziert die Einstellung, daß jede Teilnehmerin auf ihre Weise dazu in der Lage ist, ein bulimiefreies Leben zu führen. Diese Förderung des Vertrauens in ihre Selbstheilungskräfte läßt Gefühle der Unzulänglichkeit und Schwäche in den Hintergrund treten. Die individuelle Autonomie erfährt dadurch große Berücksichtigung. Besonders gefördert wird das Selbstwertgefühl ebenfalls durch den Selbsthilfecharakter der Gruppe und die Möglichkeit, in einer letzten Gruppenphase ohne Anleitung selbstverantwortlich miteinander arbeiten. Auf diese Weise bietet sich für die Teilnehmerinnen die Chance, im realen Erleben ein Vertrauen in ihre eigenen Kompetenzen entwickeln zu können.

Auch trägt allein schon die Gruppensituation positiv zur Selbstwertförderung bei, indem sie den bulimischen Frauen Möglichkeiten zum Erhalt von Sympathie und Anerkennung verschafft. Diese Wertschätzung gilt nun nicht mehr ihrer perfekten Außenfassade, sondern auch der versteckten Seite ihrer Persönlichkeit. Einen großen Stellenwert nimmt ebenfalls die Herstellung eines vertrauensvollen Schutzraumes und einer Atmosphäre der Wertschätzung, Gleichberechtigung und Solidarität ein. Als erster Schwerpunkt der Anleitung finden er auch in anderen konzeptionellen Aspekten einen deutlichen Niederschlag, wie beispielsweise Offenheit und Flexibilität für Wünsche der Teilnehmerinnen oder der Förderung individueller Autonomiebestrebungen.

Keine Berücksichtigung erfährt im Konzept dieser Selbsthilfegruppe die Thematisierung des Eßverhaltens zur Entwicklung einer körpergerechten Eßrhythmik. Obwohl gerade der Selbsthilfecharakter die Realisation bestimmter Unterstützungsmaßnahmen fördert, setzt er an dieser Stelle zugleich deutlich Grenzen. Die folgenden exemplarischen Interviews vermitteln außerdem den Eindruck, daß die Thematisierung bestimmter, vor allem tiefergehender Aspekte der Eßstörung nicht in einer solchen Gruppe erwartet wird. Für diese Zwecke wird zumeist auf eine psychotherapeutische Unterstützung zurückgegriffen. Zudem muß berücksichtigt werden, daß ein wöchentliches Treffen allein aus zeitlichen Gründen inhaltliche Beschränkungen setzt.

4.2.1 Zum subjektiven Erleben aus Teilnehmerinnenperspektive

Wie erleben und bewerten die Teilnehmerinnen dieses Selbsthilfegruppenangebot? Fünf bulimische junge Frauen zwischen 21 und 28 Jahren, die gemeinsam mit magersüchtigen- und eßsüchtigen Teilnehmerinnen das Angebot dieser Selbsthilfegruppe genutzt haben, berichten im folgenden über ihre Erfahrungen.

Motivation

Das Bedürfnis zur Beendigung ihrer sozialen Isolation geht bei allen Teilnehmerinnen dem Gruppenbesuch voraus. Zudem befinden sie in einer Krisensituation: das Eßverhalten spitzt sich immer mehr zu und löst den dringenden Wunsch nach Veränderung aus.

> "Ich hab schon mal einen Versuch gestartet. ... Aber ich glaube, ich war damals noch nicht fit für eine Selbsthilfegruppe. ... Also irgendwie hatte ich das Gefühl, ich muß was tun, aber ich glaub ich blieb auch weiterhin passiv. Ich hab gedacht, geh da hin und warte ab, was passiert ... ich geh ja jetzt dahin, da muß ja eigentlich was passieren. Aber es war nicht so. ... Hier (in der Gewitterziegengruppe), da war der Druck ein anderer und die Bereitwilligkeit auch größer."

"Irgendwie war so ein Druck da. Ich hab mich ziemlich unglücklich gefühlt. Ich hatte unbedingt das Bedürfnis, jetzt irgend etwas ändern zu müssen."

"Ich kam zur Gruppe aus einer ziemlichen Einsamkeit heraus. Ich hab versucht irgendwas zu finden, wo ich reden kann. Das war eine Zeit, wo es mir ziemlich schlecht ging, oder wo es sich immer mehr zuspitzte und wo es so richtig rein ging in den Keller und wo ich dann das Gefühl hatte, wenn ich mir nicht irgendwas suche, wo ich ... darüber reden kann, dann halt ich das nicht mehr aus. ... Ich hatte das Gefühl, ich brauche irgendwie Rückenstärkung."

"Ich stand ziemlich allein damit. Ich konnt mich auch nicht öffnen."

Die Beispiele zeigen, daß der Zeitpunkt innerhalb der individuellen "Bulimie-Biographie", zu dem die Gruppe aufgesucht wird, von großer Bedeutung ist. Da das Konzept ein bestimmtes Maß an Eigeninitiative jeder Teilnehmerin voraussetzt, muß ausreichende Motivation sowohl hinsichtlich des Willens zur persönlichen Veränderung als auch bezüglich der Verantwortungsübernahme für den Gruppenprozess vorhanden sein.

Aus welchen Gründen sich die bulimischen Frauen für eine Teilnahme an der Selbsthilfegruppe entschieden haben, ist in Tabelle 12 zusammenfassend dargestellt.

Tabelle 12 Gründe für die Teilnahme am Selbsthilfegruppenangebot der *Gewitterziegen* e.V.

- soziale Isolation (5)
- persönliche Krise (5)
- Wunsch nach Austausch mit Betroffenen (5)
- deutlicher Wille zur Veränderung (5)
- Scheitern unterschiedlicher, vorangegangener Bewältigungsversuche (2)

Zahlen in Klammern = Anzahl der Teilnehmerinnen, die diesen Aspekt benannt haben

Zielvorstellungen

Erwartungen und Zielvorstellungen der Gruppenteilnehmerinnen bezüglich ihrer Teilnahme gestalten sich, wie in Tabelle 13 dargestellt, sehr unterschiedlich.

Tabelle 13 Zielvorstellungen und Erwartungen bezüglich der Teilnahme am Selbsthilfegruppenangebot der *Gewitterziegen* e.V.

- Austausch und persönliche Öffnung (5)
- Kontaktaufnahme (5)
- Aufgeben der Isolation und Heimlichkeit (5)
- aktive Auseinandersetzung mit Problemen (1)
- Erholung im konfliktfreien Raum (1)
- Akzeptanz des Symptoms (1)
- Aufgabe des Symptoms (1)
- vorerst noch keine Änderung, aber Verständnis des Symptoms (1)

Zahlen in Klammern = Anzahl der Teilnehmerinnen, die diesen Aspekt benannt haben

"Ich wollt einfach nur das machen, was kam. Ich wollt ganz einfach mitmachen oder nicht oder einfach nur gucken, was so passiert."

"Als ich hier hergekommen bin, hab ich vor allem auch noch viel gehungert ... und kotz halt auch noch. ... Ich kann nicht sagen, es bessert sich. Aber das ist auch überhaupt nicht mein Ansatz. Sondern mein Ansatz ist, daß ich mir das eingestehe und nicht, ... daß ich mir vormache, es ist alles in Ordnung. ... Und mir zugestehen, mein Essen ist nicht in Ordnung und es ist traurig, daß es so ist, weil es halt auch schmerzvoll ist, das so an mich heranzulassen. Das ist halt mein Ansatz und dadurch hab ich das Gefühl, daß sich was bewegt."

"Die Erwartungen, die ich gehabt hab, haben sich auch erfüllt. Also hier einfach sich mal auszusprechen. ... Die Erwartung aufzuhören (mit dem bulimischen Eßverhalten), hat sich auch erfüllt."

"Ich hatte nicht die Erwartung, daß sich viel ändert. Eher, daß dort jemand ist, zu dem ich hingehen kann."

Auffallend ist, daß besonders bezüglich der Änderung des Eßverhaltens keine einheitliche Gruppenzielvorstellung existiert. Es bestehen statt dessen individuell verschiedene Erwartungen, die wiederum dem individuellen Entwicklungsstand angemessen sind. Doch allen gemeinsam ist das Ziel der Kontaktaufnahme, Aufhebung der Isolation und Austausch mit ebenfalls Betroffenen.

Individuelle Bewertungen des Gruppenangebots

Was die fünf bulimischen Gruppenteilnehmerinnen bezüglich Gruppe und Anleitung positiv, hilfreich und stabilisierend empfinden, ist in den Tabellen 14 und 15 zusammengefaßt.

Tabelle 14 Positiv bewertete Unterstützungsleistungen der angeleiteten Selbsthilfegruppe der *Gewitterziegen* e.V.

- Kontaktaufnahme zu Betroffenen (5)
- Austausch und Öffnung (5)
- Stabilität und Homogenität der Gruppe (5)
- Atmosphäre der Akzeptanz, des gegenseitigen Verstehens, der Nähe, des Vertrauens und der Solidarität (4)
- breite Stimmungspalette (von humorvoll bis traurig) (4)
- regelmäßiger, haltgebender Anlaufpunkt (3)
- gegenseitige Unterstützung (z.B. durch mutmachende Vorbildeffekte) (3)
- Unterstützung eigener Stärken, Kräfte und Fähigkeiten (2)
- Unterstützung bei Alltagsbewältigung (2)
- wertschätzender, nicht dramatisierender Umgang mit dem Symptom (1)
- Blick hinter das Symptom, Frage nach seiner Funktion (1)
- gemeinsame Freizeitaktivitäten (1)

Zahlen in Klammern = Anzahl der Teilnehmerinnen, die diesen Aspekt benannt haben

---

Alle fünf bulimischen Frauen nennen den Kontakt zu ebenfalls Betroffenen, den gemeinsamen Austausch und die persönliche Öffnung als positive Erfahrungen in der Gruppe. Der Austausch mit "Gleichgesinnten" vermindert das Gefühl, krank oder abnorm zu sein. Das vorher als quälend erlebte Gefühl der sozialen Isolation, das entscheidend zu Aufrechterhaltung des bulimischen Teufelskreises beiträgt, kann durch den Kontakt zur Gruppe abgemildert werden.

Tabelle 15 Positiv bewertete Unterstützungsleistungen der Anleitung des Selbsthilfegruppenangebots der *Gewitterziegen* e.V.

- Vermittlung von Gefühlen der Sicherheit, Stabilität, Struktur und des Halts (4)
- Zurückhaltung, Unterstützung zur Selbständigkeit der Gruppe (2)
- Offenheit für Wünsche der Teilnehmerinnen (1)
- Solidarität und Gleichberechtigung (1)
- Achtung und Sympathie gegenüber den Teilnehmerinnen (1)
- ehrliches Interesse an Teilnehmerinnen (1)

Zahlen in Klammern = Anzahl der Teilnehmerinnen, die diesen Aspekt benannt haben

"Es war einfach was total anderes, mit Frauen zu reden, die genau wissen, um was es geht. Das hat total gut getan."

"Es ist eigentlich der einzige Platz für mich in meinem Alltag, wo ich das Gefühl habe, ich kann dahin kommen mit allem, was da ist. Es ist eine totale Wohltat, mich dahin zu setzen, und ich brauch nichts zu verstecken, gar nichts."

"In der Gruppe ist es einfach so, daß ein Echo da ist, und daß überhaupt nichts schlimmes dran ist. Man muß auch nichts verschönern, sondern man kann ganz kraß sagen, was gelaufen ist und wie man sich fühlt. ... Es gibt so ein Verständnis, so eine Ebene. Ich hab das Gefühl, daß hier ein Raum ist, wo man das einfach mal rauslassen und tief durchatmen kann."

Als dritter Aspekt wird von allen die Stabilität und der gute Zusammenhalt der Gruppe hervorgehoben. Aus Sicht der Teilnehmerinnen leistet gerade die Zusammensetzung der Gruppe einen wichtigen Beitrag zur Entwicklung einer vertrauensvollen Atmosphäre, die eine persönliche Öffnung fördert. Verläßlichkeit und Homogenität bewerten sie als eine entscheidende Voraussetzung für einen positiven Gruppenprozeß.

"Also, ich glaub das Besondere war, daß wir uns alle gut verstanden haben."

"Weiterhin erlebte ich die Gruppe als recht stabil, was die Zusammensetzung anbelangt. ... Aber auch vom Alter, Lebenssituation, Standort und so, hatten wir das Glück, uns sehr ähnlich zu sein."

Konsequenzen für die Praxis - Zum Beispiel Selbsthilfe

Als förderlich nennen vier Teilnehmerinnen diese besondere Atmosphäre der gegenseitigen Akzeptanz, des Verstehens, des Vertrauens und der Wertschätzung, die in der Gruppe herrscht.

" Zu jeder fällt mir was nettes ein, was ich toll find und weshalb ich immer herkomme. Es war auch am allerersten Abend so, daß es immer noch so humorvoll abging. ... Also, es war nicht alles so todernst. obwohl es ja so'n todernstes Problem ist und wir leiden ja alle ganz schrecklich. Aber es war immer noch witzig ... es hat viele Nuancen, man kann Spaß haben, man kann traurig sein und wird mit seinen Problemen aufgefangen. Oder es wird irgendein Thema behandelt, was ziemlich abstrakt abläuft. Einfach so viele verschiedene Sachen und es klappt irgendwie. Ja, es sind alles so verschiedene Frauen. Und auch die Entwicklung, die jetzt Daniela gemacht hat, das fand ich auch ganz toll mit anzusehen."

Die Aufhebung der Individualisierung und Pathologisierung mittels Austausch, Kontakt und dem Gemeinschaftsgefühl innerhalb der Gruppe wird von den Teilnehmerinnen als besonders förderlich und heilsam bewertet. Der Kontakt zu anderen Frauen mit Eßstörungen wirkt ihrer Meinung nach der bestehenden Isolation und der selbstabwertenden Verheimlichung des Eßverhaltens entgegen. Die persönliche Öffnung benennen sie als Motivation, Zielvorstellung und auch als bedeutsamen persönlichen Erfolg ihrer Gruppenteilnahme.

Austausch, Kontakt und Gemeinschaftsgefühl halten sie außerdem für hilfreiche Faktoren zur Stärkung ihres Selbstwertgefühls. Positiv bewerten sie das Aufgeben der Spaltung in eine öffentliche und eine heimliche Seite ihrer Persönlichkeit. Für manche ist die Gruppe der erste oder einzige Ort, an dem sie ihre nicht perfekte Seite zu zeigen wagen. Als bulimische Frau innerhalb der Gruppe Anerkennung und Wertschätzung zu erhalten, trägt ihrer Meinung nach entscheidend zur Selbstwertförderung bei. Für unterstützend halten sie außerdem das Entdecken eigener Stärken, Kraft, Lebenslust und Fähigkeiten - zum Beispiel auch das Entdecken der Fähigkeit zur selbständigen Weiterführung der Gruppe.

Zur Integration in eine freizeitorientierte Institution gehört, daß die Gruppe sich nach außen nicht erkennbar von anderen Angeboten abhebt. Die Gruppe nutzt die Räumlichkeiten, in denen sonst auch alle anderen Angebote des Mädchen- und Frauentreffs stattfinden. Dadurch unterscheidet sich das Angebot der *Gewitterziegen* e.V. deutlich von anderen, psychotherapeutischen Angeboten, die in der Regel in einem besonderen Ambiente stattfinden.

"Rückblickend steht für mich der offene und lockere Umgang in der Gruppe mit dem Thema Essen als positivster Faktor im Vordergrund. Für mich war neu, über das Symptom zu sprechen, ohne mich klein und schlecht zu fühlen. ... Die lähmende Schwere, das Drehen im Teufelskreis verschwand zu Gunsten eines neuen Stellenwerts des Essens: der eines Symptoms und nicht mehr der einer Charaktereigenschaft. ... Von den Anleiterinnen fühlte ich mich weder als krank oder neurotisch noch als unterlegen behandelt. Im Gegenteil, gemeinsam sich auch zum Teil mit ihnen außerhalb der Gruppe zu treffen, zum Beispiel Geburtstage, Kneipenbesuch nach der Gruppe, das war für mich ein Zeichen, daß ich als Eßsüchtige eine vollwertige, liebenswerte Frau bin. ... Im Nachhinein halte ich diese Betonung meiner eigenen Kraft und Fähigkeit für den Auslöser, die Verantwortung für mich zu übernehmen und mit dem zwanghaften Essen aufzuhören."

Das Beispiel zeigt, daß eine Teilnehmerin die fehlende Pathologisierung sowie die Betonung ihrer Fähigkeiten und Kräfte als entscheidende Faktoren zur Übernahme von Eigenverantwortung für die Aufgabe des Symptoms erlebt. Der Aspekt des festen und regelmäßigen Haltepunkts stellt ebenfalls eine wichtige Unterstützungsleistung der Gruppe dar.

"Die Funktion, die die Gruppe hatte, war vor allem, daß ich weiß, da ist irgendwo ein Halt, weil einfach, also gerade diese Sache mit den Eltern, das ist so existentiell und letztendlich holst du da Sachen hoch, die dich total umhauen und die du nicht aushältst, weil du bist ja immer noch in der Position des kleinen Kindes. Und wenn du da nicht irgendwie'n Halt hast, also ne. ... Und es war halt ein stückweit diese Regelmäßigkeit und ich kann mich halt ein stückweit darauf verlassen. Und das ist, glaub ich, total wichtig, um an Sachen heranzukommen. Um überhaupt was zulassen zu können und was auszuhalten. ... Wichtig ist, daß es hier total um die Teilnehmerinnen geht. Und echt, daß doch viele in so eine Gruppe kommen und erstmal so denken, huh, ich setz mich jetzt hin, und ich gucke. Und da möglichst schnell von runterzukommen, daß es darum geht, was sie wollen. Und wie sie wollen. ... Also einfach, daß es nicht um irgendwie'n festes Konzept geht, sondern ganz viel Offenheit da ist, was wir wollen."

Die besondere Gruppenatmosphäre und der Gruppenzusammenhalt stellen für die fünf Teilnehmerinnen entscheidende Voraussetzungen für die Qualität des Austauschs und somit förderliche Unterstützungen auf ihrem Weg aus der Bulimie dar.

Die wertschätzende Atmosphäre leistet gemäß ihrer Aussagen einen bedeutenden Beitrag zur Aufhebung von Pathologisierung und Individualisierung, zur Akzeptanz des Symptoms und zur Selbstwertförderung. Die besondere Gruppenatmosphäre läßt sie Befindlichkeiten und Bedürfnisse im Kontakt zu anderen wahrnehmen und äußern. Dieser geschützte Rahmen wird als hilfreich erachtet, um sich zu öffnen und versteckte Seiten der eigenen Person zu zeigen.

Die ihnen entgegengebrachte Offenheit und Akzeptanz seitens der Anleitung, die Bedürfnisse, Wünsche und Autonomie der Teilnehmerinnen in den Mittelpunkt stellt, werden ebenfalls positiv bewertet. Dadurch wird mehr Zutrauen zu den eigenen Fähigkeiten entwickelt und Verantwortung für den Gruppenprozeß übernommen. Als unterstützend erleben die fünf bulimischen Teilnehmerinnen auch die einjährige Anleitung durch zwei Fachkräfte. In dieser Zeit können sich Fähigkeiten zur selbständigen Weiterführung der Gruppe entwickeln, während angesichts eigener Unsicherheiten eine konstante stabilität- und haltvermittelnde Begleitung zu Anfang als unbedingt erforderlich bewertet wird.

"Die Gruppe hat geholfen in so kleinen Einzelsituationen, wo akut irgendwas war, wo ich dann echt gedacht hab, hoffentlich ist bald Donnerstag. Wo mir die Meinung von euch wichtig war, wo ich einfach das in der Situation schlecht einschätzen konnte. ... Ja, es gab einem noch mehr Sicherheit, glaub ich, daß da irgendwie so Fachfrauen saßen und von denen man auch wußte, daß sie da sind. ... Weil die anderen Frauen, die kennste ja nicht, weißt nicht so, kommen die ständig? Und die fehlen ja auch öfters mal, auf die ist nicht so'n Verlaß vielleicht. Oder auch selber erstmal Hilfe suchend. Und wo man sich vielleicht auch selbst nicht so ..., als Hilfesuchende, so lauter Ertrinkende. Die beiden waren dann so das Rettungsboot."

"Viele Abende entwickelten sich von selber mit dem Vorteil, daß die strukturgebende Kraft ihre Augen auf ein Abrutschen ins Kaffeekränzchen hatte und durch ihre Fragen und Rückspiegelungen die Gespräche in eine bestimmte Richtung lenkte. Regeln, Einschränkungen, Gesetze, Vorschreibungen und so spielten keine große Rolle. Geachtet wurde eigentlich ja nur auf Pünktlichkeit, regelmäßiges Kommen, das Übrige ergab sich am Abend."

Positiv bewertet wird außerdem die eigenständige Weiterarbeit als selbständige Selbsthilfegruppe nach der Anleitungsphase. Das Erleben der eigenen Kompetenzen, die im Laufe der Teilnahme wachsen, läßt individuelle Entwicklungsschritte bewußt werden und stärkt das Vertrauen in die eigenen Selbstheilungskräfte.

"Der Versuch, selbständig weiter zu arbeiten, ist ja jetzt geglückt. Nach der Krise habe ich mich deutlich mehr verantwortlich für die Gruppe gefühlt, was ja ganz wichtig ist für eine echte Selbsthilfegruppe."

"Am Anfang haben wir erwartet, daß die Anleitung uns genauer auf was stößt und uns auffordert, genauer hinzugucken. Dadurch, daß das nicht mehr so ist, kommt die Gruppe jetzt von selber drauf. Wir haben gelernt, Sachen zu interpretieren. Wir sind jetzt mehr eingespannt, mehr in der Verantwortung. Die Leute sind reifer geworden in diesem ganzen Prozeß. Zu Anfang waren wir alle viel hilfsbedürftiger. ... Die Gruppe ist inzwischen viel stärker geworden."

In Tabelle 16 sind die Angaben zu negativ bewerteten Aspekten der Gruppenteilnahme zusammengefaßt.

Tabelle 16 Negativ bewertete Aspekte des Selbsthilfegruppenangebots der *Gewitterziegen* e.V.

- unterschiedliche Wünsche bezüglich der Gruppenabendgestaltung (2)
- instabile, verunsichernde Phase des Selbständigwerdens der Gruppe (1)
- wenig offene Konfliktbereitschaft (1)
- unterschiedliche Zielvorstellungen (1)
- unterschiedliche Entwicklungsschritte (1)

Zahlen in Klammern = Anzahl der Teilnehmerinnen, die diesen Aspekt benannt haben

"Danach gab es Unsicherheiten. Das Thema der Entlassung in die Eigenständigkeit verlief eher unglücklich. In dieser Diskussion entstand bei mir zum ersten Mal das Gefühl, unterlegen, hilflos, unselbständig und nicht bereit zu sein, für mich Verantwortung zu übernehmen. ... Positiv daran war: wir haben unsere Ansprüche und Ziele neu formuliert, später sogar neue Frauen gesucht. Negativ war die bedrohliche Situation, daß die Gruppe sich eventuell auflöst."

"Also das einzige, was ich ein bißchen merke ist, wir sind 'ne sehr friedliche Gruppe und wir tragen wenig Auseinandersetzungen miteinander aus. Ich mein, ich find's total verständlich, daß es so ist, weil alle herkommen und irgendwie doch harmoniebedürftig sind, ne? Und halt diese Bedürftigkeit tragen. Aber irgendwie, ich hab das Gefühl manchmal wird auch was nicht ausgesprochen, was vielleicht ausgesprochen werden sollte."

Diese mangelnde Konfliktbereitschaft wird nicht von allen Teilnehmerinnen eingeklagt. Andere wünschen sich gerade in der Gruppe einen konfliktfreien Ort des Aufgehobenseins. Hier zeigt sich die Schwierigkeit, unterschiedliche Erwartungen, Ängste und Wünsche miteinander zu vereinbaren. Besonders problematisch wird diese Diskrepanz von den Teilnehmerinnen erlebt, wenn unterschiedliche Ansprüche bezüglich der Gruppenabendgestaltung bestehen. Fordern einige Teilnehmerinnen beispielsweise den verstärkten Einbezug von Körperarbeit, so stellt dieser Wunsch für andere eine angsteinflößende, verunsichernde und überfordernde Hürde dar. Ebenso steht es um die Thematisierung des Eßverhaltens. Für einige wird zu wenig darüber gesprochen, andere finden, daß es zuviel Raum einnimmt. Diese Unterschiedlichkeit kann nicht immer für alle befriedigend aufgelöst werden.

"Ich erinnere mich noch, wo das (Körperübungen) noch mehr im Gespräch war, wo's irgendwann nur noch im Gespräch war und nie richtig verwirklicht wurde. ... Und bei mir hat das ein bißchen Unwillen hervorgerufen. Das war auch so'n bißchen Zwang, hatte ich das Gefühl. Es muß jetzt gemacht werden! Es war auch eher schon so, wenn ich hierher kam, dann wollte ich relaxen."

Ebenfalls problematisch kann es sein, wenn Entwicklungen sehr unterschiedlich vollzogen werden. Ambivalente Gefühle gegenüber den Erfolgen anderer Teilnehmerinnen, die ihr bulimisches Eßverhalten aufgegeben haben, stellen sich ein. Einerseits macht ihr Beispiel den anderen Mut, andererseits zeigt es ihnen aber auch deutlich noch nicht vollzogene Entwicklungsschritte.

"Ich hab mich danach oft als starr erlebt. Ich bin starr in meinem Käfig und Entwicklung ist was für andere."

Individuelle Entwicklungsschritte

Ob die Gruppenteilnahme jeder einzelnen der fünf bulimischen Teilnehmerinnen als erfolgreich zu bewerten ist, steht in Abhängigkeit zu ihren individuell gesetzten Zielen. Da keine einheitliche Zielvorstellung besteht, die erreicht oder nicht erreicht werden kann, bestimmt jede Frau in einem gemeinsamen Abschlußgespräch am Ende der angeleiteten Selbsthilfephase, inwieweit sie ihre Gruppenteilnahme als erfolgreich bewertet, ihre persönlichen Ziele erreicht hat oder welche Aspekte von ihr unbefriedigend erlebt wurden. In Tabelle 17 findet sich eine Auflistung der genannten persönlichen Erfolge der fünf bulimischen Gruppenteilnehmerinnen. Es handelt sich dabei um Antworten auf die Frage: "Was hast du aus der Teilnahme an der Gruppe herausziehen können?"

Entsprechend den unterschiedlichen Erwartungen und Zielen, die die Gruppenteilnehmerinnen an die Gruppe richten (siehe Tab.13), ziehen sie unterschiedlichen Nutzen aus der Gruppe. Am häufigsten wird das Verlassen der Isolation, die Kontaktaufnahme und persönliche Öffnung genannt. Nicht selten wird in der Gruppe zum ersten Mal öffentlich von der eigenen Bulimie und von persönlichen Problemen gesprochen. Häufig besteht im Freundes- und Familienkreis darüber jahrelange Unkenntnis oder Verschweigen. Entscheidend für das Zeigen der sonst versteckten Seite ist, daß sich alle Teilnehmerinnen in einer ähnlichen Lage befinden, was Scham- und Minderwertigkeitsgefühle abmildert.

"Und das ist auch ein Ding, daß ich in der Gruppe so'n bißchen gelernt hab, was ich auch gut fand, also jetzt für mich speziell, also, daß ich mehr Platz einnehmen kann jetzt und auch, ja mich mehr öffnen kann. ... Ja und auch das überhaupt, das find ich ziemlich gut, weil früher hab ich immer gesagt, ich mach alles alleine, ich kann alles und ich bin die Kraft selbst, daß ich (jetzt) auch Hilfe zulassen kann und auch gern hab. Ja, das ich eben doch nicht alles alleine kann."

Tabelle 17 Individuelle Erfolge bezüglich der Teilnahme am Selbsthilfegruppenangebot der *Gewitterziegen* e.V.

Aus der Gruppenteilnahme habe ich für mich herausziehen können, ...
- mich zu öffnen (4)
- mit anderen offen in Kontakt zu treten (3)
- meine Befindlichkeit wahrzunehmen und zu äußern (3)
- mit dem Essen und Erbrechen aufzuhören (3)
- Verantwortung für weitere Schritte aus der Bulimie zu übernehmen (z.B. Beginn einer Psychotherapie, Klinikaufenthalt) (3)
- Verantwortung für die Gruppe zu übernehmen (3)
- das Symptom nicht mehr so schwer zu nehmen (2)
- hinter die Eßstörung zu gucken (2)
- Ängste abzubauen (2)
- eigene Kraft, Lebenslust und Stärken zu spüren (2)
- wie manche es schaffen, ihre Bulimie aufzugeben (2)
- Verantwortung für mich zu übernehmen (2)
- mich und meine Probleme ernstzunehmen (1)
- daß ich mit dem Essen Gefühle verarbeite (1)
- mit Gefühlen anders umzugehen (1)
- Hilfe annehmen zu können (1)
- Schwäche zeigen zu können (1)
- das Symptom als Teil von mir anzunehmen (1)
- mir selbst mehr zuzutrauen (1)
- mich ein Stück auf mich selbst verlassen zu können (1)
- Bulimie nicht länger als Charaktereigenschaft zu betrachten (1)
- mich nicht länger als Einzelfall zu fühlen (1)
- die Kraft hinter der Eßstörung zu entdecken (1)
- mich als vollwertige, liebenswerte Frau zu fühlen (1)

Zahlen in Klammern = Anzahl der Teilnehmerinnen, die diesen Aspekt benannt haben

Durch beispielhafte Entwicklungen und mutmachende Anregungen anderer Teilnehmerinnen oder Informationsvermittlung durch die Anleiterinnen wird in eigener Verantwortung nach weiteren Möglichkeiten gesucht, um die Bulimie zu bewältigen.

"Also erstmal war's glaub ich wichtig, daß ich angefangen hab, meine Probleme ernster zu nehmen. Ich hab gesehen, wie ihr damit umgegangen seid und hatte ja früher auch meine Probleme nie so richtig ernst genommen, weil ich ja auch nie ernst genommen worden bin. ... Und auch durch die Gruppe hab ich mir eine Therapeutin gesucht. Hätt ich wahrscheinlich, weiß ich nicht, ob ich das irgendwann gemacht hätte, aber ihr hattet ja alle irgendeine Therapeutin und ich hab gesehen, du schaffst das nicht und ja da hab ich mir auch eine gesucht."

Wie der Interviewauszug verdeutlicht, zählen außerdem das Wahrnehmen und Äußern von Befindlichkeiten, das Ernstnehmen der eigenen Person und der eigenen Probleme zu wichtigen Einstellungsveränderungen während der Gruppenteilnahme.

"Nee, es war eher motivierend. ... Und das habe ich bei Euch verfolgen können, daß es auch ohne Essen geht, also ich bin jetzt auch seit vier Wochen clean. Und selbst bei mir tut sich was, obwohl ich das nie für möglich gehalten hab."

Das Aufgeben des bulimischen Eßverhaltens von einer Teilnehmerin während der angeleiteten Gruppenphase wird von zwei anderen Gruppenmitgliedern als so motivierend und hoffnungsvoll empfunden, daß auch sie sich ihr nacheinander anschließen. Zwei von ihnen erhalten bereits schon vor der Gruppenteilnahme eine psychotherapeutische Begleitung und die dritte "Aussteigerin" seit Verlauf des Gruppenbesuchs, so daß bei ihnen zusätzliche und intensive Unterstützungen vorhanden sind. Für die betreffenden drei Teilnehmerinnen stellt die Aufgabe ihres bulimischen Eßverhaltens den größten Erfolg ihrer Gruppenteilnahme dar.

Die Funktion und die Gründe der Eßstörung herauszufinden, stehen nicht an erster Stelle der persönlichen Erfolge während der Gruppenteilnahme. Die dahinter verborgenen Gefühle wahrzunehmen, andere Ausdrucksmittel dafür zu suchen und das Symptom als Teil der eigenen Persönlichkeit anzunehmen, werden nur von einer Teilnehmerin als positive Effekte hervorgehoben.

"Als ich in die Gruppe gekommen bin, hab ich gesehen, daß das Essen von verschiedenen Frauen verschieden angewandt wird, um das Gleiche zu erreichen ... eben diese Gefühle totmachen. Ich bin mir erst darüber klargeworden, daß hinter dem Essen Gefühle stecken. Dadurch konnte ich ja auch erst entdecken, daß da was zu machen ist, daß ich diese Gefühle auch ausleben könnte eventuell. Ich hab erst gar nicht recht begriffen, was das mit dem Essen alles war und dadurch hab ich gemerkt, daß das viel mehr ist als nur essen und nicht dick werden wollen. ... Ich hab immer gedacht, ... daß dieses Ding, wenn man diesen Freßschub kriegt, daß das was Tierisches ist. Daß ich vom Teufel oder irgendwas besessen bin. Daß das was im Gehirn ist, was Eigenständiges ist, wo ich aber nicht wußte, wo das herkommt. Ich hab gedacht, daß wär wie beim Schalter, der jetzt eingeschaltet wird, aber das das irgendwas ist, worauf ich niemals Einfluß haben könnte. Ein Aussetzer oder eine Krankheit oder ein Hormon oder was Krankes. Ich hab nie gedacht, daß das einfach Gefühle sind, die irgendwo aufgestaut worden sind und das hab ich dann hier gemerkt. Da darüber gesprochen wurde, oder gesagt wurde, was war denn am Tag, daß das in Zusammenhang gebracht wurde mit dem Leben, das ich führe. ... Ich hab auch immer gedacht, das wär fremdbestimmt, das käm von außen, fast so als wärs ein Marsmensch, der mir sagt: du mußt essen. Das ist jetzt ein wichtiger Teil von mir, der jahrelang unterdrückt worden ist, fehlgeleitet worden ist. Ja und dadurch hab ich wieder Mut geschöpft, weil ich dachte, das ist ja doch in den Griff zu kriegen, weil es ja in mir ist. Also, was in mir ist, ist nicht fremdbestimmt, das kann man entdecken."

Die Aufhebung der Pathologisierung bewerten die fünf bulimischen Teilnehmerinnen auf unterschiedliche Weise als hilfreich. Ihren Aussagen zufolge bewirken vor allem der Austausch und die Kontaktaufnahme innerhalb der Gruppe, daß sie sich nicht mehr als verrückt oder unnormal ansehen und das Symptom als defizitären, sozial ausgrenzenden Makel empfinden. Einen festen Platz in einer Gemeinschaft einzunehmen und persönliche Wertschätzung zu erleben, ohne die bulimische Seite der eigenen Person verstecken zu müssen, werten die Teilnehmerinnen als eine heilsame Erfahrung. Das Entdecken von Gemeinsamkeiten bezüglich Lebensgeschichte, Lebenssituation und Eßverhalten vermittelt ihnen Gefühle des Verstandenwerdens. Eindrücklich schildert im obigen Interviewauszug eine Teilnehmerin, wie sie ihre Bulimie nicht länger als unbeeinflußbare Krankheit, sondern als zu verändernde Reaktion versteht.

Neben Austausch und Kontakt bewerten die Teilnehmerinnen außerdem die Integration des Gruppenangebots in eine freizeitorientierte Institution und die Tatsache, daß es sich um eine Selbsthilfegruppe handelt, als förderlich. Beides führt dazu, daß sie sich nicht länger als kranke, unfähige Individuen fühlen, die nicht in der Lage sind, in eigener Verantwortung Probleme zu meistern.

Verständnis und Akzeptanz der Bulimie als sinnvolle Konfliktlösungsstrategie wird von den Teilnehmerinnen nicht explizit als hilfreiche Unterstützung genannt. Eine wertschätzende, verständnisvolle und respektierende Einstellung gegenüber ihrer Eßstörung scheint sich bei ihnen also weniger durch konkrete Thematisierung des Eßverhaltens und seiner Funktion, sondern eher im gegenseitigen Kontakt zu entwickeln. Für tiefere Blicke hinter das Symptom wird häufig auf eine Einzelpsychotherapie zurückgegriffen.

"Darüber (die Hintergründe des Eßverhaltens) haben wir eigentlich weniger geredet. Also das kam, glaub ich, eher durch meine Therapeutin."

Chancen einer Selbsthilfegruppe

Abschließend und zusammenfassend kann festgestellt werden, daß diese Form der Selbsthilfegruppe über besondere Möglichkeiten verfügt, Individualisierung und sozialer Isolation entgegenzuwirken. Die Gruppenteilnehmerinnen bewerten dieses Konzept als förderlich, heilsam und stärkend. Sie betonen vor allem die Aspekte Kontakt und Austausch mit ebenfalls Betroffenen, welche die als lähmend und selbstabwertend empfundene Pathologisierung und Individualisierung auflösen und ihr Selbstwertgefühl fördern. Gefühle des Alleinseins, der Einsamkeit und Entfremdung gelten als auslösende Momente des Eßanfalls (siehe Tab.2), und das Fehlen verläßlicher Bezugspartner fördert eine schlechte Prognose (JACOBY, 1992). Die Selbsthilfegruppe kann folglich wertvolle und langfristige Unterstützungsarbeit leisten. Ebenso tragen der Selbsthilfecharakter der Gruppe und ihre Integration in eine freizeitorientierte Institution zur Aufhebung von Pathologisierung, zur Förderung der Selbstheilungskräfte und des Selbstwertgefühls bei, ohne daß im ersten Jahr auf eine stabilitätsstiftende Anleitung verzichtet wird. Gefördert wird dadurch ebenso die Verantwortungsübernahme für die eigene Heilung und die Entwicklung von Problemlösungskompetenzen.

Eine besondere Chance dieses Angebots liegt auch in seiner sogenannten Niedrigschwelligkeit, die eine erste Kontaktaufnahme erleichtert. Da häufig ein sehr später Behandlungsbeginn bei Bulimie festgestellt wird (BECKER, 1994; ZIOLKO & SCHRADER, 1985), sich nur 2,5 Prozent aller bulimischen Frauen in Behandlung befinden (FAIRBURN ET AL., 1993a) und ein früher Behandlungsbeginn die Prognose deutlich verbessert (FICHTER, 1993b), kann dieses Gruppenangebot eine wichtige Lücke im Gesundheitssystem schließen.

Besonders geeignet erscheint dieses und ähnliche Selbsthilfegruppenangebote in Ergänzung zu anderen institutionellen Unterstützungsangeboten. Für die intensive Auseinandersetzung mit der individuellen bulimischen Lebenssituation wird von den Gruppenmitgliedern oft auf psychotherapeutische Unterstützung zurückgegriffen. Die Teilnahme an der Gruppe erfolgt dagegen aufgrund des Bedürfnisses nach Kontakt und Austausch, was in der Psychotherapie nicht ausreichend erfüllt werden kann. Der weitreichende positive Effekt von Kontakt und Austausch wurde anhand der Interviewauszüge deutlich, doch können sie nicht alle notwendigen Unterstützungsmaßnahmen beinhalten. Das Gruppenangebot kann ebenfalls zur

Aufnahme einer ambulanten oder stationären Therapie anregen oder eine sinnvolle Nachbehandlung von beiden darstellen.

Wünschenswert wäre eine Verankerung solcher Gruppenangebote im Gesundheitswesen, die eine enge Zusammenarbeit mit ambulanten und stationären psychotherapeutischen Institutionen einschließt. Für Kostenträger könnte es eine attraktive Möglichkeit zur Kostenersparnis bezüglich der Behandlung bulimischer Frauen darstellen.

Wünschenswert wäre aber vor allem die Entwicklung weiterer Modelle, vor allem psychotherapeutischer Behandlungsmodelle, die eine Integration des soziokulturellen Kontextes der Bulimie beinhalten. Vorstellbar erscheint auch die Ausarbeitung eines tagklinischen Modells auf der Grundlage der entwickelten Konsequenzen. Wie es das Behandlungsmodell von GERLINGHOFF und BACKMUND (1995) vorschlägt, wäre dabei der Einbezug von Psychotherapie und Selbsthilfe sinnvoll. Auch könnte innerhalb eines tagklinischen Programms die Thematisierung des Eßverhaltens angemessenen berücksichtigt werden.

4.3 Anregungen für einen vernachlässigten Bereich: Prävention

Aus dem Verständnis der Bulimie als soziokulturelles Phänomen ergeben sich nicht nur Schlußfolgerungen für die praktische Arbeit mit bulimischen Frauen, sondern auch für den noch stark vernachlässigten Bereich der Prävention.

STEIN-HILBERS und BECKER (1996) stellen bei ihren Literaturrecherchen zu diesem thematischen Schwerpunkt fest, daß bislang kaum ausdifferenzierte theoretische Modelle zu möglichen Präventionsmaßnahmen bei Eßstörungen entwickelt wurden. Praktisch angewendete Präventionsprogramme in Deutschland konnten die Autorinnen fast gar nicht entdecken. In den USA finden zwar häufiger entsprechende schulische Präventionsprojekte statt - jedoch mit sehr geringen Erfolgen.

Nach STEIN-HILBERS und BECKER (1996) wird in der Literatur zur Prävention bei Eßstörungen zwischen primärer, sekundärer und tertiärer Prävention unterschieden (vgl. SMEAD, 1993; STRIEGEL-MOORE, 1989).

Die *primäre Prävention* soll die Entstehung einer Eßstörung verhindern, indem Umweltrisiken (z.B. Propagierung des Schönheitsideals) reduziert und Widerstandskräfte der Risikogruppe (z.B. Mädchen in der Pubertät) gestärkt werden.

Die *sekundäre Prävention* hat zum Ziel, die Prävalenzraten zu senken, indem die Intensität und Dauer einer Eßstörung herabgesetzt und einer Manifestation entgegengewirkt wird (z.b. durch verbesserte Möglichkeiten zur Früherkennung). *Tertiäre* Prävention bedeutet die Bereitstellung entsprechender Behandlungsmöglichkeiten (z.b. Therapie, Beratungsstellen) bei bereits eingetretener Manifestation.

Primäre Prävention

Primär-präventive Ansatzpunkte, die sich der Stärkung der Widerstandskräfte der Risikogruppe widmen, werden anschließend im Zusammenhang mit der sekundären Prävention thematisiert. Präventive Maßnahmen, die sich der Wurzel des bulimischen Übels, den Umweltfaktoren, zuwenden, müssen jedoch an anderer Stelle ansetzen.

Vor dem Hintergrund des soziokulturellen Kontextes der Bulimie muß als erster Punkt einer solchen primären Prävention die Aufhebung des patriarchalen Gesellschaftssystems genannt werden. Seine Gewalt- und Machtstrukturen, die Folgen seines Wirtschaftssystems (z.b. Individualisierung) und auch seine Wertmaßstäbe, die sich besonders an Äußerlichkeiten manifestieren (z.B. Selbstrepräsentation durch den Körper), schaffen die Bedingungen zur Entwicklung einer Bulimie. Veränderungen auf dieser Meta-Ebene lassen sich, wie die Geschichte zeigt, sicherlich nur schwer und langsam vorantreiben. Außerdem wird dieser Präventionsansatz immer mit heftiger Gegenwehr seitens der Befürworter des bestehenden Systems zu rechnen haben.

Einen ersten konkreten Ansatzpunkt in diese Richtung bieten die Rollensterotypen. Da sich vor allem eine verstärkte Geschlechtsrollenorientierung junger Frauen als entscheidender Risikofaktor zur Ausprägung einer Bulimie erwies, muß innerhalb der Gesellschaft eine Aufhebung der Geschlechterpolarisierungen und -hierarchisierung stattfinden. Diese Auflösung der Rollenstereotypen könnte durch eine Loslösung von der geschlechtsspezifischen Arbeitsteilung unterstützt werden.

Hier sind sozialpolitische Maßnahmen gefragt, die Frauen und Männer gleiche Entwicklungschancen einräumen. Die Haus- und Familienarbeit darf nicht länger minderwertiges Übel bleiben, mit dessen Übernahme unweigerlich Macht- und Statusverlust, Überbelastung oder Karriereknick verbunden sind. Statt dessen müssen endlich Arbeitszeitmodelle entwickelt werden, die der Haus- und Familienarbeit einen ebenso selbstverständlichen und wertschätzenden Platz innerhalb Lebensplanung und Berufsalltag von Frauen *und* Männern zuerkennt wie der Erwerbstätigkeit.

Eine veränderte Ernährungskultur im Sinne von GNIECH (1995), ein veränderter kultureller Umgang mit Körperlichkeit, der nicht länger die Prinzipien Kontrolle, Funktionalität und Selbstrepräsentation an erste Stelle setzt und die Vergesellschaftung des weiblichen Körpers beendet, müßte die Aufgabe geschlechtsspezifischer Gefühls- und Verhaltenszuschreibungen ergänzen. In den Bereichen Ernährung und Körper sollte es um die Auflösung der von FOCKS (1994) benannten Dichotomisierung von kontrollierendem Geist und zu kontrollierendem Körper gehen. Jede Förderung einer körpergerechten und lustvollen Ernährung und eines wertschätzenden und lustvollen Umgangs mit Körperlichkeit bedeutet Bulimieprävention.

Doch tatsächlich besteht wenig gesellschaftliches Interesse an einer heilsamen Veränderung des Umgangs mit Nahrung, Körper und Rollenzuschreibungen. Junge Frauen werden kaum zu einer sozialen Belastung, wenn sie gesellschaftlich bedingte Probleme mit Hilfe der Bulimie heimlich und still zu "lösen" versuchen. Kostenträger verweigern ausreichende finanzielle Unterstützung für Forschung und Behandlung. Wirtschaftszweige profitieren nicht nur vom bulimischen Eßverhalten, sondern vom ganzen Körper- und Fitneßkult unserer Gesellschaft.

Veränderungen bezüglich einer Auflösung der Geschlechtsrollen dürften auf noch größeren Widerstand stoßen, denn auf deren Beibehaltung stützt sich unser ganzes patriarchales Wirtschaftssystem. Hier dürfte angesichts der steigenden Arbeitslosenzahlen eher mit einer Verstärkung bestehender Rollenzuweisungen zu rechnen sein. An dieser Stelle wird besonders deutlich, daß die Bulimie eine unübersehbare politische Dimension enthält.

Primäre und sekundäre Prävention

Unter Berücksichtigung des soziokulturellen Kontextes der Bulimie lassen sich ebenso spezifische Ansatzpunkte für die Prävention auf der Subjektebene feststellen.

Mit dem zur Zeit bestehenden traditionslosen Dilemma der widersprüchlichen gesellschaftlichen Entwicklungsanforderungen werden junge Frauen von heute allein gelassen. Der Riß, der sich hier durch die Generationen zieht, läßt es für die heranwachsenden Mädchen oft an familiärer Unterstützung und elterlichem Verständnis mangeln. Für diese instabile und überfordernde Entwicklungsphase fehlt es an allen Ecken und Enden an gesellschaftlicher Sensibilität, Aufmerksamkeit und vor allem an echten Hilfsangeboten. Der erste "Griff" zur Bulimie wird nicht selten durch ein krisenhaftes Ereignis in sozialer Isolation ausgelöst.

Schulische oder andere institutionelle Aufklärungskampagnen über gesundheitliche Risiken der Bulimie erscheinen vor diesem Hintergrund wenig effektiv. Eine

Aufklärung im üblichen Sinne ist aufgrund des Bekanntheitsgrades der Bulimie weder nötig noch sinnvoll. So berichtete eine bulimische Teilnehmerin einer Selbsthilfegruppe, daß sie erst ein Aufklärungsfilm, der in der Schule zum Thema Bulimie gezeigt wurde, auf die Idee des Erbrechens zur Gewichtsreduzierung brachte.

Die Bulimie ist bereits zur typisch weiblichen Modellsymptomatik avanciert. Statt Aufklärung mit dem Zeigefinger bedarf es für die Zukunft dringend der Entwicklung angemessener Präventionsmöglichkeiten. Auch STEIN-HILBERS und BECKER (1996) zweifeln daran, ob die zunehmende Thematisierung von Eßstörungen und den damit verbundenen Gesundheitsrisiken einen effektiven Beitrag zur Reduktion von Eßstörungen leistet.

Doch so bekannt das Thema Bulimie in der Öffentlichkeit auch ist, besteht nicht selten Unkenntnis und Desinteresse bezüglich ursächlicher Faktoren und Unterstützungsmöglichkeiten seitens des Lehrpersonals oder der Ärzteschaft, die häufig die ersten Ansprechpartner für junge Frauen in Not sind. Hier bedarf es unbedingt qualifizierter Fortbildungen und Schulungen, für deren Inanspruchnahme jedoch ein Mindestmaß an Interesse oder Bewußtsein um das Dilemma der weiblichen Lebensrealität und der bulimischen Problematik vorhanden sein muß.

Statt einer "Zeigefinger-Prävention" ergeben sich vor dem dargestellten soziokulturellen Kontext spezifische Implikationen für die primäre und sekundäre Prävention der Bulimie bei Mädchen, die in Tabelle 18 dargestellt werden. Sie konzentrieren sich vor allem auf drei Bereiche: (1) Stärkung des Selbstbewußtseins und sozialer Handlungskompetenzen, (2) selbstbestimmter Umgang mit den Bereichen Körper und Essen und (3) Aufhebung sozialer Isolation.

Vorstellbar und sinnvoll erscheint gerade für den schulischen und universitären Bereich die Einführung von Beratungsstellen, die speziell für die Belange der Mädchen und jungen Frauen zuständig sind. Eine vom Lehrbetrieb unabhängige, vertrauensvolle Ansprechpartnerin, die nach Bedarf freiwillig und kostenlos aufgesucht wird, könnte nicht nur Hilfe im Krisenfall (sekundäre Prävention), sondern bereits Unterstützung bei alltäglichen Sorgen und Problemen (primäre Prävention) anbieten.

Besonders wertvolle Arbeit leisten für die Prävention bereits zahlreiche spezifische Angebote für Mädchen und junge Frauen im Freizeitbereich. Doch gerade hier werden die sozialpolitischen Sparmaßnahmen besonders spürbar. Statt neue Projekte zu fördern, muß allerorts bereits so manche bestehende Einrichtung aufgrund fehlender finanzieller Unterstützung geschlossen werden.

Tabelle 18 Anregungen zur mädchenspezifischen Prävention von Bulimie

- Annehmen und Wertschätzen der eigenen Person
- Stärkung des Selbstbewußtseins
- Stärkung sozialer Handlungskompetenzen
- Experimentieren mit traditionell männlichen Verhaltensoptionen
- Entdecken angemessener Ausdrucksformen für Befindlichkeiten
- Annehmen und Wertschätzen des eigenen Körpers
- Förderung des Körperbewußtseins
- Förderung eines lustvollen und selbstbestimmten Umgangs mit Nahrung
- kritische Auseinandersetzung mit den Themen Schönheitsideale, Frauenbilder etc.
- Förderung des Kontakts und des Austausch mit Gleichaltrigen
- Bereitstellen von vertrauensvollen und kompetenten Ansprechpartnerinnen bei Sorgen und Nöten.

In diesen mädchenspezifischen Einrichtungen, wie Mädchentreffs, Mädchenberatungsstellen, Mädchencafes oder Mädchenfreizeitheimen finden Mädchen einen eigenen geschützten Raum vor, in dem sie nicht nur Lust und Frust ihrer Alltagswelt besprechen können. Im Kontakt mit Gleichaltrigen bieten sich hier außerdem viele Möglichkeiten, um Ausdrucks- und Umgangsformen für ihre Befindlichkeiten zu entdecken und ihr Selbstbewußtsein zu stärken. Ein Experimentieren mit typisch männlichen Verhaltensoptionen in einer Theatergruppe stellt dabei als ein Beispiel unter vielen anderen Möglichkeiten ebenso eine Bulimieprävention dar, wie Angebote zum Körpererleben, die den Mädchen ein Kennenlernen und Annehmen ihres eigenen Körpers näher bringen - fernab vom sonst üblichen Bodystyling und Fitneßwahn.

Eine begrüßenswerte Ausnahme im noch stark vernachlässigten Bereich Prävention stellt die Studie zum Hagener Projekt "Wie schlank muß ich sein, um geliebt zu werden" dar. Erstmalig wird darin ein differenziertes, praxisorientiertes und -erprobtes Modell für den Bereich der Prävention von Eßstörungen vorgestellt. Potentiell und bereits betroffene Mädchen und junge Frauen erhielten in ambulanten Gruppen die Möglichkeit, einen positiven Umgang mit ihrem Körper jenseits des gesellschaftlichen Schönheitsideals, mehr Selbstwertgefühl, weniger selbstschädigende Bewältigungsstrategien und stärkere psychosoziale Handlungskompetenzen zu entwickeln. Das Ziel dieser niedrigschwelligen Gruppenangebote, der Verfestigung einer Eßstörung präventiv zu begegnen, schien bei Abschluß des Modellprojektes erreicht zu sein (STEIN-HILBERS & BECKER, 1996).

Tertiäre Prävention

Bezüglich der tertiären Prävention wurden bereits ausführlich in den vorangegangenen Kapiteln frauenspezifische Unterstützungsangebote bei manifester Bulimie vorgestellt, die den soziokulturellen Aspekt voll berücksichtigen. Ebenso ließ sich anhand des Beispiels einer Selbsthilfegruppe eine Möglichkeit ihrer praktischen Anwendung aufzeigen.

Es soll an dieser Stelle noch einmal deutlich darauf hingewiesen werden, daß jedoch entsprechende Angebote viel zu selten finanzielle Unterstützung durch öffentliche Kostenträger erfahren. Für betroffene Frauen, insbesondere für betroffene Mädchen, steht kein ausreichendes Netz an entsprechenden Anlaufstellen zur Verfügung. Auch im Bereich der Psychotherapie werden im Zuge der finanziellen Kürzungen im Gesundheitswesen immer öfter bulimischen Frauen dringend nötige Unterstützungsmaßnahmen aus Kostengründen versagt. Durch die gleiche Ursache hat sich ebenfalls die Aufenthaltsdauer in Spezialkliniken verkürzt. Somit handelt es sich auch im Bereich der tertiären Prävention um einen stark vernachlässigten Bereich: sowohl hinsichtlich der Entwicklung und dem praktischen Einbezug frauenspezifischer soziokultureller Behandlungsinhalte als auch bezüglich des gesellschaftlichen Interesses, was sich an der fehlenden finanziellen Absicherung zeigt.

Subjektive Ideen bulimischer Frauen zur Prävention

Abschließend sollen bulimische Teilnehmerinnen einer Selbsthilfegruppe im Bremer Mädchen- und Frauentreff *Gewitterziegen* e.V. mit ihren Ideen zur Prävention zu Wort kommen. Ihre Vorschläge stellen eine Bestätigung und exemplarische Veranschaulichung der theoretisch entwickelten Anregungen zur Prävention (siehe Tab. 18) dar und werfen zugleich spezifische Fragen auf. In Tabelle 19 werden ihre Ideen zusammenfassend dargestellt.

> "Meine persönliche Erfahrung ist auch, daß ich eben durch meine Eltern geformt werde und auch die Welt mit deren Brille sehe, sozusagen. Diese Familienstrukturen und das Durch-die-Brille-meiner-Eltern-sehen, das macht mich aus meiner Perspektive krank, weil ich auch deren Werteschema übernehme. Ich bin nicht meine Eltern, sondern ich bin ich, und das ist ganz gut, sich das mal durch den Kopf gehen zu lassen. Das Mädchen eben nicht zu hören kriegen, was sie auch zu hören kriegen in Schule, Elternhaus: Du mußt, du sollst, du darfst nicht. Daß sie irgendwie dann auch mal gucken:

Hier, ich bin auch wer! Ich bin ich. Daß sie die Möglichkeit haben, auch eine Identität zu entwickeln oder einfach sich mal zu fragen, was will ich denn? Solche Sachen, die finde ich deshalb so wichtig, weil man dann erst mal aufhört, mit der Stimme der Eltern, mit der Stimme des Lehrers, mit der Stimme der Großeltern zu sprechen. Es fällt mir sehr schwer, meine eigene Identität zu entwickeln und dazu auch zu stehen und mal zu gucken: Wer bin ich eigentlich? Obwohl das eigentlich schon sehr früh meine Frage war, aber irgendwie hab ich mich nie da ran getraut. Das könnte ich mir vorstellen, daß das hilfreich ist. Und einfach daß es das gibt, diese Beratungsstellen für Mädchen."

Tabelle 19 Anregungen bulimischer Frauen zur mädchenspezifischen Prävention von Bulimie

- Bereitstellen von Ansprechpartnerinnen bei Problemen
- Angebote, die der sozialen Isolation entgegenwirken
- Projekte zur Begegnung von Mädchen untereinander
- "Schutzräume", in denen Mädchen aufgefangen werden
- Gesprächsangebote zum Thema Essen, Schönheitsideale, Körper
- Stärkung des Selbstbewußtseins
- Stärkung des Körperbewußtseins
- Unterstützung bei der Identitätsfindung
- Unterstützung bei der Entwicklung eigener Lebensperspektiven
- Beratungsstellen für Mädchen

Das Bereitstellen von Möglichkeiten, die Mädchen die Entwicklung ihrer eigenen Identität jenseits elterlicher und anderer institutioneller Vorstellungen erleichtern, hält diese Teilnehmerin aus eigener Erfahrung für einen entscheidenden Präventionsaspekt. Ebenso hält sie aufgrund geschlechtshierarchischer Gegebenheiten vor allem bei Mädchen eine Unterstützung zur Förderung des Selbstbewußtseins und zur Entwicklung eigener Lebensperspektiven für besonders wichtig und hilfreich. Ähnliche Vorschläge entwickelt auch die folgende Teilnehmerin.

"Also, das einzige, denk ich, was du machen kannst ist, nimm den Eltern ihre Kinder weg. Und das ist halt irgendwie dann schon zu spät in dem Alter, denk ich. Also die Grundsteine sind früher gelegt. Das fängt ja viel früher an. Also es fängt ja mit der Geburt an. Und ich denk halt, was einfach wichtig ist, ist, daß es so was überhaupt gibt wie hier (die Gewitterziegen). Damit kannst du vielleicht auch nicht verhindern, daß so ne Sucht rauskommt. ... Weil also die Sachen, die laufen halt an anderem Ort und Stelle. Aber du kannst halt, denk ich, mit anfassen und mit auffangen. Und ich glaub, also was ich jahrelang hatte war, daß ich da nicht drüber geredet hab. Also diese Isolation, ne? Und ich hab halt irgendwie gedacht, echt alle sind so beschissen um mich herum. Aber das hab ich nicht richtig gedacht, ... letztendlich bin ich dann die Blöde. Weil, wenn alle so sind, und nur ich bin anders, und ich will über so was nicht reden, und ich bin halt überall rausgefallen. Also da hab ich am meisten drunter gelitten. Und ich glaub, so was kannste halt irgendwie versuchen aufzufangen. Indem du Sachen oder Projekte versuchst, wo Mädchen sich begegnen können, wo die sich treffen können. Und irgendwie Sachen anregst, da auch drüber zu reden. Weil, echt auch wenn die noch so jung sind, die kriegen das schon mit, was mit dem Essen schräg ist. Du mußt es halt nur ganz behutsam irgendwie. ... Also Prävention ist dann halt nicht mehr. ... Ich denk, dafür liegen die Wurzeln zu tief. Das ist halt so, das kannst du nicht ändern. Aber du kannst halt irgendwie versuchen, daß sie wenigstens anfangen können, ihren Weg zu gehen. Weil irgendwie je früher, je besser."

Deutlich benennt diese Gruppenteilnehmerin auch den Aspekt der Isolation vor dem unmittelbaren Beginn ihrer Eßstörungen und sieht ihn als wichtigen Ansatzpunkt für die Prävention: rechtzeitig einen Ort zum Austausch haben, wo nicht nur Probleme angesprochen, sondern auch die Themen Essen und Aussehen kritisch betrachtet und eigene (Lebens-)Wege gesucht werden können.

Zugleich stellt sie jedoch auch fest, daß die wirkliche Ursache für ihre Bulimie viel tiefer liegt. Sie erscheint ihr eng verknüpft mit der häuslichen Situation und hätte schwerlich mittels solcher Angebote bearbeitet werden können. Ähnliche Auffassungen spiegeln auch die nächsten beiden Interviewauszüge wider.

"Vielleicht sollte man Kinder richtig ernstnehmen, als vollwertige Menschen. Ich merk ja bei mir selber, daß es mir schwerfällt, Kinder ernstzunehmen. Ich denk, daß ist genau der Punkt, wo es auch bei mir dran gelegen hat, daß ich nie richtig ernst genommen worden bin, sondern immer nur durchs Leben mitgeschleift wurde."

"Ich meine, es ist schon so, daß wenn du schlank bist und attraktiv bist, hast du einfach bessere Chancen, das ist so. Das stand schon am Anfang da bei der Eßstörung. ... Das war damals schon ausschlaggebend auch. Ich mein, es ist halt nur ein Teil, aber am wichtigsten ist halt immer auch das Elternhaus. Was man in der Öffentlichkeit da machen kann, ist schwierig. So die Mädchenarbeit hier, die zielt ja auch drauf ab, so mehr Selbstbewußtsein und körpermäßig, daß das nicht so wichtig ist. Das ist schon gut, aber zu dem Zeitpunkt hätte mir so was, glaub ich, auch nicht geholfen. Also ich wär da ja gar nicht hingegangen wahrscheinlich, wenn so ein Angebot bestanden hätte."

Einerseits vermutet die letzte Interviewpartnerin, daß eine Stärkung des Selbstbewußtseins und ein positiver Umgang mit dem eigenen Körper der Entwicklung einer Bulimie entgegenwirkt. Doch andererseits ist sie sich sicher, daß sie selbst ein solches Präventionsangebot vor Beginn ihrer Eßstörung nicht wahrgenommen hätte.

Damit weist sie auf einen ernstzunehmenden Problembereich innerhalb der Präventionsdebatte hin. Wie können Mädchen für entsprechende Präventionsangebote, wie beispielsweise das Hagener Modellprojekt (STEIN-HILBERS & BECKER, 1996), gewonnen werden - vor allem die, die bereits schon in eine bulimiefördernde Schweigsamkeit, Zurückgezogenheit und soziale Isolation geraten sind? Wie müssen solche Angebote konzipiert werden, um auch für diese Risikogruppe ausreichend niedrigschwellig zu sein?

Nicht nur diese Aspekte bezüglich sekundärer Prävention bleiben in zukünftigen Studien und Projekten noch zu klären. Auch werfen die Interviewauszüge Fragen nach Ansatzpunkten für die primäre Prävention auf. Oben zu findende Aussagen wie "am wichtigsten ist halt immer noch das Elternhaus", "die Grundsteine sind früher gelegt", "es fängt ja mit der Geburt an" oder "vielleicht sollte man Kinder richtig ernst nehmen" untermauern den Eindruck, daß sich die Prävention der Eßstörungen auch dem Bereich Familie widmen muß - sowohl hinsichtlich der Thematisierung familiärer Beziehungsprobleme als auch hinsichtlich des familiären Umgangs mit Nahrung und Körper. Hier fehlt es noch an Ideen für einen adäquaten Einbezug der Familie.

5. Schlußbemerkungen

> "Physische und psychische Entwicklungsprozesse sind niemals Auslöser für Eßstörungen bei heranwachsenden Mädchen, sondern deren Störung, Sinnentleerung, Abwertung und Umdeutung. So lange unser Frauenbild, die Möglichkeiten für Frauen und die Entwicklungsbedingungen für Mädchen nicht günstiger werden, solange derartige Macht- und Gewalterfahrungen vorliegen, müssen wir mit einer Zunahme von Eßstörungen rechnen."
>
> (OLBRICHT, 1995)

Das überraschende Ergebnis der Arbeit ist die enorme Bedeutung des soziokulturellen Kontextes für das Verständnis und für die Behandlung der Bulimie. Unerwartete Dimensionen haben sich eröffnet, die weit in die Kulturgeschichte unserer patriarchalen Gesellschaft zurückreichen. Der enge Zusammenhang von Bulimie und gesellschaftlich-kulturellen Bedingungen läßt sich nicht mehr leugnen. Im Interesse der betroffenen Frauen darf sie nun nicht länger als individuelles Defizit interpretiert und behandelt werden, sondern sollte den Status eines kulturell bereitgestellten Bewältigungsbemühens von gesellschaftlichen Mißständen erhalten, die auf der individuellen Ebene zutage treten. Angesichts dieser Erkenntnisse wundert die geringe bis fehlende Berücksichtigung des soziokulturellen Kontextes innerhalb der Literatur zur Bulimie. Wünschenswert wäre seine verstärkte Integration in wissenschaftliche und alltägliche Bulimiekonzepte und die verstärkte Entwicklung und Evaluation von ihn berücksichtigenden Behandlungsmodellen.

Außerdem wurde deutlich, daß eindimensionale, linear-kausale Ursachenerklärungen der Bulimie unzureichende oder irreführende Theorien darstellen, die möglicherweise nachteilige Auswirkungen für die praktische Arbeit beinhalten, indem sie notwendige Unterstützungsmaßnahmen übersehen. Doch gerade linear-kausale Erklärungsformen sind häufig in der Literatur zur Bulimie zu finden.

Beispielsweise handelt es sich bei dem Erklärungsmodell zur Bulimie von FICHTER (1991; siehe Abb.2) zwar um das umfassendste multifaktorielle Modell, das in der Literatur zu finden ist, aber es berücksichtigt keine Wechselwirkungen zwischen den verschiedenen ätiologischen Faktoren, keine gesellschaftliche Dimension und vernachlässigt die Schlüsselrolle, die bei allem der soziokulturelle Kontext einnimmt.

Als weitere Beispiele linear-kausaler Erklärungen seien tiefenpsychologische Einstellungen genannt, die eine gestörte frühkindliche Entwicklung zur Ursache erklären (z.B. ETTL, 1987; FEIEREIS, 1989; SCHULTE & BÖHME-BLOEM, 1990). Auch Überzeugungen, daß biologische Faktoren als die Ursache der Bulimie zu betrachten sind (z.B. HALMI, 1988; JOHNSON, 1985; LAESSLE & PIRKE, 1989; ROSEN & LEITENBERG, 1985), stellen ebenso eindimensionale und unzureichende Theorien dar wie die Erklärungen von HENNIG und VOGEL (1991). Als Vertreterinnen der feministischen Therapie beschreiben sie die Bulimie als "eine Störung des Hineinnehmens, Behaltens oder Herausgebens von elementaren Erfahrungen in der frühen Identitätsentwicklung der Frau als weibliches und eben auch als leibliches Wesen" (S.145).

Als angemessener haben sich systemische Erklärungen der Bulimie erwiesen, die sie innerhalb des individuellen Kontextes beschreiben (z.B. GRÖNE, 1995a,b), Beschreibungen der Bulimie vor dem Hintergrund kultureller Bedingungen (FOCKS, 1994; HABERMAS, 1990; TRÜCK, 1996) oder Ansätze, die sich um ein mehrdimensionales Erklärungsspektrum bemühen (z.B. STAHR ET AL., 1995).

Bezüglich der öffentlichen Bewertung der Bulimie ergeben sich aus dieser Arbeit ebenfalls bestimmte Schlußfolgerungen. Der verhaltenstherapieorientierte BACHMANN (1985) beschreibt sie als lebenslängliche, nie zu heilende Krankheit. SENF (1989) spricht in seinen psychoanalytischen Ausführungen von schweren Persönlichkeitsstörungen, die in der Bulimie ihren Ausdruck finden. KREBS (1991) nennt Eßstörungen das Frauengefängnis der Neuzeit und beschreibt sie sinngemäß als logische Konsequenz der gesellschaftlichen Verhältnisse, und KRÄMER (1988) spricht von Bulimie als kulturell hervorgebrachte Widerstandsform von Frauen.

Die Ausführungen zum soziokulturellen Kontext zeichnen dagegen ein anderes Bild. Sie lassen den Schluß zu, daß es sich bei der Bulimie um eine gegen die eigene Person gerichtete, entwicklungsspezifische Symptomatik handelt, die individuell verschiedene sinnvolle Funktionen innerhalb des Lebenskontextes erfüllt und die Chance auf ein gesundes, selbstbestimmtes Leben beinhalten kann. Aussagen über Ursachen und Heilung der Bulimie mit Ausschließlichkeitscharakter erscheinen vor diesem Hintergrund ebenso unangemessen und kontraproduktiv für die Behandlung wie Schwarzmalereien.

Aufschlußreich wären an dieser Stelle empirische Untersuchungen über durchschnittliche Dauer und Bedeutung der Bulimie innerhalb individueller Biographien. Eine umfassende Studie zur Bulimie ähnlich der Studie FRANKEs (1994b), in der ehemalige anorektische Frauen nach individuellen Bewältigungsstrategien sowie hilfreichen und schädlichen Faktoren hinsichtlich institutioneller

Schlußbemerkungen

Unterstützungsangebote befragt wurden, könnte entscheidende Erkenntnisse liefern.

Die Ausführungen zu den physischen Bedingungen der Bulimie im zweiten Kapitel und die Betrachtung des kulturellen Umgangs mit Nahrung und Körper bringen als weitere Schlußfolgerung mit sich, daß ein konkreter Einbezug des Eßverhaltens in die Behandlung erforderlich ist. Es zeigte sich, daß es in vielen therapeutischen Modellen wenig Berücksichtigung erfährt. In anderen wird es dagegen unter dem Aspekt der Kontrolle und Reglementierung einbezogen. Hier fehlt es an Behandlungsmethoden, die eine Förderung der körperlichen Selbstregulation an erste Stelle setzen und die Entwicklung einer individuellen körpergerechten Eßrhythmik unterstützen.

Erfreulich wäre, wenn die praxisbezogenen Ausführungen des vierten Kapitels eine anregende Wirkung auf beratend oder therapeutisch Tätige - und vor allem auf Kostenträger! - zeigen und sie zur Nachahmung, Modifizierung und Weiterentwicklung dieser oder anderer frauenspezifischer Unterstützungsmöglichkeiten einladen können. Sicherlich lassen sich noch zahlreiche Möglichkeiten entwickeln, den soziokulturellen Kontext der Bulimie sowohl in der praktischen Arbeit mit betroffenen Frauen als auch in der Prävention angemessen zu berücksichtigen. Vielleicht wird dann in Zukunft immer seltener die Rede sein von einer schwer heilbaren Bulimie mit lebenslanger Rückfallproblematik.

Zum Abschluß dieses Buches sollen zwei Expertinnen zu Wort kommen, die beide ihre Eßstörung nicht nur überwunden haben, sondern sie trotz allem Leid auch im Sinne eines gelungenen Selbstheilungsversuches positiv für sich nutzen konnten.

"Ich habe meine Sucht erkannt als Lebenskrise, in der Lernen wieder möglich wurde. Heute zeige ich den Mut zu konstruktiveren Ausdrucksformen als die der Anorexie, Bulimie. Ich brauch das Fressen und Kotzen nicht mehr. Mein Suchtverhalten habe ich ausgelebt.
Ich habe die Selbstbestimmung übernommen und mir einen Platz zugewiesen, der nicht mehr von der Sucht bestimmt ist. Ich nehme mich und meine Ansprüche heute anders wahr. Ich gehe anders mit mir um: Selbstbewußter!
Ich habe meine Lösung gefunden, die gleichzeitig eine Loslösung war."
(KLOTH, 1993, S. 226/227)

"Inzwischen habe ich gelernt, in einer Beziehung mein eigenes Leben und meine Interessen auch aufrechtzuerhalten. Und ich engagiere mich stärker, indem ich nicht mehr abhaue, wenn es schwierig wird, sondern mich mit meinen Problemen auseinandersetze. Mittlerweile kann ich auch besser zwischen meinen Problemen und denen des Partners unterscheiden. Ich kann heute auch ungeklärtes stehen lassen, und es mir dabei trotzdem gutgehen lassen. Irgendwie bin ich nicht mehr so abhängig davon, daß >alles in

Ordnung< ist, sondern kann die Dinge so akzeptieren, wie sie sind. Meine Bereitschaft zu leiden hat rapide abgenommen. Ich mache mich selbst nicht mehr fertig wegen meiner Cellulite, weil ich vielleicht zu große Ohren, eine zu kleine Nase oder sonst etwas habe. Ich denke positiv, versuche Spaß am Leben zu haben, schere mich weniger darum, was andere Leute denken, esse, was mir Spaß macht, habe keinen leeren Kühlschrank mehr Zuhause. ... Mein eigenes Leben ist mir so wichtig geworden, mein eigener Bekanntenkreis. Früher habe ich draußen Halt gesucht, heute will ich mich entwickeln. Ich war solange auf Wartestellung, jetzt will ich endlich leben." (GÖCKEL, 1992, S.48/49)

6. Literaturverzeichnis

ABRAHAM, S.F., BENDIT, N., MASON, C., MITCHELL, H., O'CONNOR, N., WARD, J., YOUNG, S. & LLEWELLYN-JONES, C. (1985). The Psychosexual Histories of Young Woman with Bulimia. *Australian and New Zealand Journal of Psychiatry, 19, 72-76*.

ALEXANDER-MOTT, L. & LUMSDEN, D.B. (Hrsg.). (1994). Understanding Eating Disorders: Anorexia Nervosa, Bulimia Nervosa, and Obesity. Washington: Taylor & Francis.

ALIABADI, C. & DAUB, M. (1986). Freßsucht. In: A. Schwarzer (Hrsg.), Durch dick und dünn. Reinbek bei Hamburg: Rowohlt.

American Psychiatric Association. (1980). Diagnostic and Statistical Manual of Mental Disorders (3rd ed., DSM-III). Washington, DC: APA.

American Psychiatric Association. (1995). Diagnostic and Statistical Manual of Mental Disorders (4th ed., DSM-IV). Washington, DC: APA.

Anonyme Eßsüchtige. (1987). Die Selbsthilfegruppe der Anonymen Eßsüchtigen stellt sich vor. In: P. Mader & B. Ness (Hrsg.), Bewältigung gestörten Eßverhaltens. Hamburg: Neuland.

BACHMANN, M. (1985). Süchtiges Verhalten und Eßstörungen. In: J. Brakhoff (Hrsg.), Eßstörungen: Ambulante und stationäre Behandlung. Freiburg i.B.: Lambertus.

BAUER, BG, ANDERSON, W.P. & HYATT, R.W. (1992). Bulimie: Eine Behandlungsanleitung für Therapeuten und Betroffene. Weinheim: Psychologie Verlags Union.

BAUR, J. & MIETHLING, W.-D. (1991). Die Körperkarriere im Lebenslauf. *Zeitschrift für Sozialisationsforschung und Erziehungssoziologie, 2, 165-188*.

BECK, D. (1981). Krankheit als Selbstheilung. Frankfurt a.M.: Insel.

BECK, U. (1986). Risikogesellschaft: Auf dem Weg in eine andere Moderne. Frankfurt a.M.: Suhrkamp.

BECK, U. & BECK-GERNSHEIM, E. (1994). Individualisierung in modernen Gesellschaften: Perspektiven und Kontroversen einer subjektorientierten Soziologie. In: U. Beck & E. Beck-Gernsheim (Hrsg.), Riskante Freiheiten. Frankfurt a.M.: Suhrkamp.

BECKER, K. (1994). Die perfekte Frau und ihr Geheimnis. Reinbek bei Hamburg: Rowohlt.

BECKERMANN, M. (1991). Medizinische Aspekte der Eßstörungen. In: Frauen lernen leben e.V. (Hrsg.), Die unerträgliche Schwere des weiblichen Seins: Dokumentation zur frauenspezifischen Fachtagung zum Thema Eßstörungen. Köln: Eigendruck.

BELL, R.M. (1985). Holy Anorexia. Chicago: Chicago University Press.

BENJAMIN, J. (1989). Herrschaft - Knechtschaft: Die Phantasie von der erotischen Unterwerfung. In: E. List & H. Studer (Hrsg.), Denkverhältnisse: Feminismus und Kritik. Frankfurt a.M.: Suhrkamp.

BIALLO, H. (1994, 10.6.). Dicke verhelfen zu fetten Profiten: Das Geschäft mit dem Abnehmen ernährt eine ganze Branche prächtig. *Weser Kurier, 128,* 7.

BLINDER, B.J. & CHAO, K.H. (1994). Eating Disorders: A Historical Perspective. In: L. Alexander-Mott & D.B. Lumsden (Hrsg.), Understanding Eating Disorders: Anorexia Nervosa, Bulimia Nervosa, and Obesity. Washington: Taylor & Francis.

BLUNDELL, J.E. & HILL, A.J. (1993). Binge Eating: Psychobiological Mechanism. In: C.G. Fairburn & G.T. Wilson (Hrsg.), Binge Eating: Nature, Assessment, and Treatment. New York: The Guildford Press.

BLUNDELL, J.E., LAWTON, C.L., HILL, A.J. & ROGERS, P.J. (1989). Die Psychopharmakologie des Hungers. In: M.M. Fichter (Hrsg.), Bulimia nervosa: Grundlagen und Behandlung. Stuttgart: Enke.

BOLO, P.M. (1993). The Biological Basis of Bulimia. In: A.J. Giannini & A.E. Slaby (Hrsg.), The Eating Disorders. New York: Springer.

BORN, C. & KRÜGER, H. (Hrsg.). (1993). Erwerbsverläufe von Ehepartnern und die Modernisierung weiblicher Lebensläufe. Weinheim: Deutscher Studienverlag.

BOSKIND-LODAHL, M. (1976). Cinderella's Stepsisters: A Feminist Perspective on Anorexia Nervosa and Bulimia. *Journal of Woman in Culture and Society, 2, 342-356.*

BOSKIND-WHITE, M. & WHITE, W.C. (1987). Bulimarexia: The Binge/Purge Cycle (2nd ed.). New York: Norton.

BOSSERT-ZAUDIG, S., ZAUDIG, M., JUNKER, M., WIEGAND, M. & KRIEG, J.C. (1993). Psychiatric Comorbidity of Bulimia Nervosa Inpatients: Relationssship to Clinical Variables and Treatment Outcome. *European Psychiatry, 8, 15-23.*

BRAUN, C.VON. (1985). Nicht ich: Logik, Lüge, Libido. Frankfurt a.M.: Neue Kritik.

BRAUN, C.VON. (1992). Das Kloster im Kopf: Weibliches Fasten von mittelalterlicher Askese zu moderner Anorexie. In: K. Flaake & V. King (Hrsg.), Weibliche Adoleszenz: Zur Sozialisation junger Frauen. Frankfurt a.M.: Campus.

BRAKHOFF, J. (1985). Einführung. In: J. Brakhoff (Hrsg.), Eßstörungen: Ambulante und stationäre Behandlung. Freiburg i.B.: Lambertus.

BROCKFELD, S. (1993). Begegnungen zwischen Eßsüchtigen. In: Gewitterziegen e.V. (Hrsg.), Eine Dokumentation. Bremen: Eigendruck.

BROCKFELD, S. & THIES, C. (1994). Gemeinsam durch dick und dünn: Erfahrungsbericht über die pädagogische Arbeit mit eßsüchtigen und bulimischen jungen Frauen im Mädchen- und Frauentreff Gewitterziegen. Bremen: Eigendruck.

BROCKFELD, S. & THIES, C. (1995). "...daß es mehr ist, als nur essen und nicht dick werden wollen": Angeleitete Selbsthilfegruppen für Mädchen und junge Frauen mit Eßstörungen, Gewitterziegen e.V. Bremen. *Betrifft Mädchen: Zeitschrift der Zentralstelle zur Förderung der Mädchenarbeit im Institut für soziale Arbeit, 1, 12-14.*

BRÖKLING, E. (1991). Individuelle Entwicklung der Eßstörungen und patriarchalgesellschaftlicher Strukturzusammenhang als Thema feministischer Beratung/Therapie. In: Frauen lernen leben e.V. (Hrsg.), Die unerträgliche Schwere des weiblichen Seins: Dokumentation zur frauenspezifischen Fachtagung zum Thema Eßstörungen. Köln: Eigendruck.

BROWNMILLER, S. (1984). Weiblichkeit. Frankfurt a.M.: Fischer.

BRUMBERG, J.J. (1994). Todeshunger: Die Geschichte der Anorexia nervosa vom Mittelalter bis heute. Frankfurt a.M.: Campus.

Bundeszentrale für gesundheitliche Aufklärung. (1994). Ess-Stöungen: Bulimie, Magersucht, Ess-Sucht. Köln: Eigendruck.

BYNUM, C.W. (1987). Holy Feast and Holy Fast: The Religious Significance of Food to Medieval Woman. Berkeley: Univ. California.

COHEN, K.D. (1992). Bulimia, Oralty, and the Oedipus Complex in an Adult Female. In: C.P. Wilson, C.C. Hogan & I.L. Mintz (Hrsg.), Psychodynamic Technique in the Treatment of the Eating Disorders. Northvale, N.J.: Jason Aronson.

CROW, S.J. & MITCHELL, J.E. (1994). Bulimia Nervosa: Methods of Treatment. In: L. Alexander-Mott & D.B. Lumsden (Hrsg.), Understanding Eating Disorders: Anorexia Nervosa, Bulimia Nervosa, and Obesity. Washington: Taylor & Francis.

DECHARMS, R. (1968). Personal causation. New York: Academic Press.

Deutsche Gesellschaft für Ernährung. (1992). Ernährungsbericht 1992. Frankfurt a.M.

DILTHEY, D. (1991). Borderline und Bulimie - was sind die Grundbedürfnisse des Lebens. In: Frauen lernen leben e.V. (Hrsg.), Die unerträgliche Schwere des weiblichen Seins: Dokumentation zur frauenspezifischen Fachtagung zum Thema Eßstörungen. Köln: Eigendruck.

DINGELDEY, E. & HIPPEL-SCHULER, A.VON. (1995). Modellprojekt "Eßstörungen bei Mädchen": Kabera, Beratung bei Eßstörungen e.V., Kassel. *Betrifft Mädchen: Zeitschrift der Zentralstelle zur Förderung der Mädchenarbeit im Institut für soziale Arbeit, 1, 15-16.*

DÖRR-WILMES, I. (1991). Zur Bedeutung des sexuellen Mißbrauchs bei der Entwicklung der Bulimie: Theoretische Grundlagen. Unveröffentlichte Diplomarbeit am Studiengang Psychologie der Universität Bremen.

DOLAN, B.M., EVANS, C. & LACEY, J.H. (1989). Family Composition and Social Class in Bulimia: A Catchment Area Study of a Clinical and a Comparison Group. *Journal of Nervous and Mental Disease, 177,* 267-272.

ELIAS, N. (1939). Über den Prozeß der Zivilisation: Soziogenetische und psychogenetische Untersuchungen. Bern: Franke, 1969, 2 Bde.

ENRIGHT, A.B., BUTTERFIELD, P. & BERKOWITZ, B. (1985). Self-Help und Support Groups in the Management of Eating Disorders. In: D.M. Garner & P.E. Garfield (Hrsg.), Handbook of Psychotherapy for Anorexia Nervosa and Bulimia. New York: The Guildford Press.

EPSTEIN, B. (1989). Die Wut von Frauen und der Zwang zu essen. In: M. Lawrence (Hrsg.), Satt aber hungrig: Frauen und Eßstörungen. Reinbek bei Hamburg: Rowohlt.

Literaturverzeichnis

ESSEN, C.VON. & HABERMAS, T. (1989). Hysterie und Bulimie: Ein Vergleich zweier ethnischhistorischer Störungen. In: A. Kämmerer & B. Klingenspor (Hrsg.), Bulimie: Zum Verständnis einer geschlechtsspezifischen Eßstörung. Stuttgart: Kohlhammer.

ETTL, T. (1988). Bulimia Nervosa - die heimliche und unheimliche Aggression. *Zeitschrift für psychoanalytische Theorie und Praxis, 3, 48-77.*

FAIRBURN, C.G. (1985). Cognitive-Behavioral Treatment for Bulimia. In: D.M. Garner & P.E. Garfinkel (Hrsg.), Handbook of Psychotherapy for Anorexia Nervosa and Bulimia. New York: The Guildford Press.

FAIRBURN, C.G. & BEGLIN, S.J. (1990). Studies of the Epidemiology of Bulimia Nervosa. *American Journal of Psychiatry, 147, 401-408.*

FAIRBURN, C.G. & COOPER, Z. (1993). The Eating Disorder Examination (12th ed.). In: C.G. Fairburn & G.T. Wilson (Hrsg.), Binge Eating: Nature, Assessment, and Treatment. New York: The Guildford Press.

FAIRBURN, C.G., HAY, P.J. & WELCH, S.L. (1993a). Binge Eating and Bulimia Nervosa: Distribution and Determinants. In: C.G. Fairburn & G.T. Wilson (Hrsg.), Binge Eating: Nature, Assessment, and Treatment. New York: The Guildford Press.

FAIRBURN, C.G., MARCUS, M.D. & WILSON, G.T. (1993b). Cognitive Behavioral Therapy for Binge Eating and Bulimia Nervosa: A Comprehensive Treatment Manual. In: C.G. Faiburn & G.T. Wilson (Hrsg.), Binge Eating: Nature, Assessment, and Treatment. New York: The Guildford Press.

FAIRBURN, C.G., STEERE, J. & COOPER, P.J. (1989). Die Diagnose der spezifischen Psychopathologie bei Bulimia nervosa. In: M.M. Fichter (Hrsg.), Bulimia nervosa: Grundlagen und Behandlung. Stuttgart: Enke.

FAIRBURN, C.G. & WILSON, G.T. (1993). Binge Eating: Definition and Classification. In: C.G. Fairburn & G.T. Wilson (Hrsg.), Binge Eating: Nature, Assessment, and Treatment. New York: The Guildford Press.

FEIEREIS, H. (1989). Diagnostik und Therapie der Magersucht und Bulimie. München: Marseille.

FICHTER, M.M. (1991). Ätiologische Faktoren, Diagnostik und Therapie bulimischer Störungen. *Zeitschrift für Klinische Psychologie, 1, 1-21.*

FICHTER, M.M. (Hrsg.). (1989). Bulimia nervosa: Grundlagen und Behandlung. Stuttgart: Enke.

FICHTER, M.M. (1993a). Das eßgestörte Mädchen. *ANAD-Newsletter, 4, 1-6.*

FICHTER, M.M. (1993b). Der langfristige Verlauf von Anorexia und Bulimia nervosa: Auswirkungen und Qualitätssicherung stationärer Behandlungsmaßnahmen in der Medizinisch-psychosomatischen Klinik Roseneck. Universität München: Eigendruck.

Fichter, M.M. & Pirke, K.M. (1989). Hormonelle Dysfunktionen bei Bulimia. In: M.M. Fichter (Hrsg.), Bulimia nervosa: Grundlagen und Behandlung. Stuttgart: Enke.

FICHTER, M.M. & PIRKE, K.M. (1995). Starvation Models and Eating Disorders. In: G. Szmukler, C. Dare & J. Treasure (Hrsg.), Handbook of Eating Disorders: Theory, Treatment and Research. Chichester: John Wiley & Sons.

FICHTER, M.M., PIRKE, K.M., PÖLLINGER, J., WOLFRAM, G. & BRUNNER, E. (1988). Restricted Caloric Intake Causes Neuroendocrine Disturbances in Bulimia. In: K.M. Pirke, W. Vandereycken & D. Ploog (Hrsg.), The Psychobiology of Bulimia Nervosa. Berlin: Springer.

FICHTER, M.M., QUADFLIEG, N. & RIEF, W. (1992). The German Longitudinal Bulimia Nervosa Study 1. In: W. Herzog, H.C. Deter & W. Vandereycken (Hrsg.), The Course of Eating Disorders. Heidelberg: Springer.

FLAAKE, K. (1992). Zur Frau werden. *Psychologie Heute Special, 4, 98-101.*

FOCKS, P. (1994). Das andere Gesicht: Bulimie als Konfliktlösungsstrategie von Frauen. Frankfurt a.M.: Campus.

FOCKS, P. & TRÜCK, G. (1987). Maskerade der Weiblichkeit: Eß- Brechsucht, Gradwanderung zwischen Anpassung und Verweigerung. Pfaffenweiler: Centaurus.

FRANKE, A. (1991). Anorexie - Krankheit zum Tode oder Hoffnung auf ein gesundes Leben. In: Frauen lernen leben e.V. (Hrsg.), Die unerträgliche Schwere des weiblichen Seins: Dokumentation zur frauenspezifischen Fachtagung zum Thema Eßstörungen. Köln: Eigendruck.

FRANKE, A. (1994a). Eßstörungen aus suchtspezifischer Perspektive. In: Deutsche Hauptstelle gegen die Suchtgefahren (Hrsg.), Jahrbuch Sucht '95. Geesthacht: Neuland.

FRANKE, A. (1994b). Wege aus dem goldenen Käfig: Anorexie verstehen und behandeln. München: Quintessenz.

FRANZEN, S. (1994). Familiale Transmission von gezügeltem Eßverhalten. Marburg: Görich & Weiershäuser.

Frauen lernen Leben e.V. (Hrsg.). (1991). Die unerträgliche Schwere des weiblichen Seins: Dokumentation zur frauenspezifischen Fachtagung zum Thema Eßstörungen. Köln: Eigendruck.

FURSLAND, A. (1989). Eva wird verleumdet: Essen, Sexualität und weibliche Scham. In: M. Lawrence (Hrsg.), Satt aber hungrig: Frauen und Eßstörungen. Reinbek bei Hamburg: Rowohlt.

GARFINKEL, P.E. & GARNER, D.M. (Hrsg.). (1987). The Role of Drug Treatments for Eating Disorders. New York: Brunner/Mazel.

GARNER, D.M. & GARFINKEL, P.E. (Hrsg.). (1985). Handbook of Psychotherapy for Anorexia Nervosa and Bulimia. New York: The Guildford Press.

GARNER, D.M., GARFINKEL, P.E., SCHWARTZ, D. & THOMPSON, M. (1980). Cultural Expectations of Thinness in Woman. *Psychological Reports, 47, 483-491.*

GARNER, D.M., ROCKERT, W., OLMSTED, M.P., JOHNSON, C. & COSCINA, D.V. (1985). Psychoeducational Principles in the Treatment of Bulimia and Anorexia Nervosa. In: D.M. Garner & P.E. Garfinkel (Hrsg.), Handbook of Psychotherapy for Anorexia Nervosa and Bulimia. New York: The Guildford Press.

Literaturverzeichnis

GAST, L. (1985). Magersucht: Der Gang durch den Spiegel: Zur Dialektik der individuellen Magersuchtsentwicklung und patriarchal-gesellschaftlicher Strukturzusammenhänge. Pfaffenweiler: Centaurus.

GEBAUER, G. (1982). Ausdruck und Einbildung: Zur symbolischen Funktion des Körpers. In: D. Kamper & C. Wulf (Hrsg.), Die Wiederkehr des Körpers. Frankfurt a.M.: Suhrkamp.

GEISSLER, B. & OECHSLE, M. (1994). Lebensplanung als Konstruktion: Biographische Dilemmata und Lebenslauf-Entwürfe junger Frauen. In: U. Beck & E. Beck-Gernsheim (Hrsg.), Riskante Freiheiten. Frankfurt a.M.: Suhrkamp.

GERLINGHOFF, M. & BACKMUND, H. (Hrsg.). (1995). Therapie der Magersucht und Bulimie: Anleitung zu eigenverantwortlichem Handeln. Weinheim: Beltz.

Gesamtverband für Suchtkrankenhilfe im Diakonischen Werk der evangelischen Kirche Deutschland e.V. (1994). Eßstörungen (2.Aufl.). Kassel: Nicol.

Gewitterziegen e.V. (Hrsg.). (1993). Eine Dokumentation. Bremen: Eigendruck.

GIANNINI, A.J. (1993). A History of Bulimia. In: A.J. Giannini & A.E. Slaby (Hrsg.), The Eating Disorders. New York: Springer.

GIANNINI, A.J. & SLABY, A.E. (Hrsg.). (1993). The Eating Disorders. New York: Springer.

GIBS, H. (1993). Vom Hineinfressen und Auskotzen. *Suchtreport, 6, 38-41.*

GNIECH, G. (1995). Essen und Psyche: Über Hunger und Sattheit, Genuß und Kultur. Berlin: Springer.

GÖCKEL, R. (1988). Eßsucht oder die Scheu vor dem Leben. Eine exemplarische Therapie. Reinbek bei Hamburg : Rowohlt.

GÖCKEL, R. (1992). Endlich frei vom Eßzwang. Stuttgart: Kreuz-Verlag.

GÖTZ-KÜHNE, C. (1995). Eßstörungen: (k)eine Aufgabe der Suchtkrankenhilfe. In: Deutsche Hauptstelle gegen die Suchtgefahren (Hrsg.), Suchtkrankenhilfe im Verbund: Eine kritische Bestandsaufnahme. Freiburg i.B.: Lambertus.

GOSMANN, U. (1996). Sind Sie ganz sauber? Körperkult als Seifenoper. *Psychologie heute, 8, 64-67.*

GRAFWEG, F. (1994). Auch die Jugend ist ein Opfer des Jugendlichkeitskultes. *Psychologie Heute, 12, 8-9.*

GRÖNE, M. (1995a). Die Bulimie verhungern lassen. *Psychologie Heute, 1, 32-37.*

GRÖNE, M. (1995b). Wie lasse ich meine Bulimie verhungern: Ein systemischer Ansatz zur Beschreibung und Behandlung der Bulimie. Heidelberg: Carl Auer Systeme.

GROSSMANN, S.P. (1989). Gehirnmechanismen bei der Regulation von Nahrungsaufnahme und Körpergewicht. In: M.M. Fichter (Hrsg.), Bulimia nervosa: Grundlagen und Behandlung. Stuttgart: Enke.

GRUNERT, S. (1993). Essen und Emotionen: Die Selbstregulierung von Emotionen durch das Eßverhalten. Weinheim: Beltz.

HABERMAS, T. (1990). Heißhunger: Historische Bedingungen der Bulimia nervosa. Frankfurt a.M.: Fischer

HABERMAS, T., NEUREITHER, U., MÜLLER, M. & HORCH, U. (1987). Ist die Bulimie eine Sucht: Zur Verlaufsdynamik der symptomzentrierten Bulimiebehandlung. *Praxis der Psychotherapie und Psychosomatik, 32, 137-146.*

HÄNSEL, D. (1985). Eßstörungen: Die Bedeutung des Problems, Übersicht zu den Erscheinungsbildern. In: J. Brakhoff (Hrsg.), Eßstörungen: Ambulante und stationäre Behandlung. Freiburg i.B.: Lambertus.

HAGAR, H. (1992). Weiß, westlich, wohlhabend. *Psychologie Heute Special, 4, 93-97.*

HALMI, K.A. (1988). Cognitive and Metabolic Responses to Eating in Bulimia Nervosa. In: K.M. Pirke, W. Vandereycken & D. Ploog (Hrsg.), The Psychobiology of Bulimia Nervosa. Berlin: Springer.

HAMILTON, M.K., GELWICK, B.P. & MEADE, C.J. (1984). The Definition and Prevalence of Bulimia. In: R.C. Hawkins II, W.J. Fremouw & P.F. Clement (Hrsg.), The Binge-Purge Syndrome: Diagnosis, Treatment, and Research. New York: Springer.

HAUSEN, K. (1978). Die Polarisierung der Geschlechtscharaktere: Eine Spiegelung der Dissoziation von Erwerbs- und Familienleben. In: H. Rosenbaum (Hrsg.), Seminar Familie und Gesellschaftsstruktur. Frankfurt a.M.: Suhrkamp.

HECKHAUSEN, H. (1989). Motivation und Handeln (2.Aufl.). Berlin: Springer.

HEINZ, W.R. (1990). Perspektiven einer künftigen Forschung zur doppelten Sozialisation Erwachsener. In: E.-H. Hoff (Hrsg.), Die doppelte Sozialisation Erwachsener. Weinheim: DJI, Juventa.

HELFFERICH, C. (1990). Neue Mythen oder alte Beliebigkeiten oder...: Weiblichkeitskonzepte und Selbstvergewisserung in der Arbeit zu Frauen, Gesundheit und Sucht. In: Verein für sozialwissenschaftliche Forschung und Bildung für Frauen (Hrsg.), Der feministische Blick auf die Sucht: Facetten feministischer Theoriebildung. Frankfurt a.M.: Eigendruck.

HELFFERICH, C., WALTER, M. & FRANZKOWIAK, P. (1986). Mädchen-Gesundheit: Risikoaffinitäten und Gesundheitsverhalten in der Sozialisation weiblicher Jugendlicher. In: Bundeszentrale für gesundheitliche Aufklärung (Hrsg.), Mädchen-Gesundheit. Freiburg i.B.: Eigendruck.

HENNIG, A. & VOGEL, K. (1991). Eßstörungen. In: H. Bilden (Hrsg.), Das Frauentherapie Handbuch. München: Frauenoffensive.

HERING, S. & RIETSCHEL, C. (1995). Weil ich ein Mädchen bin: Weiblichkeit und Männlichkeit aus Sicht der Kinder. *Psychologie Heute, 7, 60-63.*

HERMAN, C.P. & POLIVY, J. (1988). Restraint and Excess in Dieters and Bulimics. In: K.M. Pirke, W. Vandereycken & D. Ploog (Hrsg.), The Psychobiology of Bulimia Nervosa. Berlin: Springer.

HERPERTZ-DAHLMANN, B. (1993). Eßstörungen und Depression in der Adoleszenz. Göttingen: Hogrefe.

Literaturverzeichnis

HERZOG, D.B., KELLER, M.B., LAVORI, P.W., BRADBURN, I.S. & OTT, L. (1989). Ergebnisse zum Krankheitsverlauf der Bulimia nervosa. In: M.M. Fichter (Hrsg.), Bulimia nervosa: Grundlagen und Behandlung. Stuttgart: Enke.

HIRSCH, M. (1989). Körper und Nahrung als Objekte bei Anorexie und Bulimie. *Praxis der Kinderpsychologie und Kinderpsychiatrie, 38,* 78-82.

HORKHEIMER, M. & ADORNO, T.W. (1944). Dialektik der Aufklärung: Philosophische Fragmente. Frankfurt a.M.: Fischer, 1988.

HUDSON, J.I. & POPE, H.G. (1989). Psychopharmakologische Behandlung der Bulimia. In: M.M. Fichter (Hrsg.), Bulimia nervosa: Grundlagen und Behandlung. Stuttgart: Enke.

HUGHES, D.O. (1993). Frauenmoden und ihre Kontrolle. In: C. Klapisch-Zuber (Hrsg.), Mittelalter. In: G. Duby & M. Perrot (Hrsg.), Geschichte der Frauen (Bd.2). Frankfurt a.M.: Büchergilde Gutenberg.

ISRAEL, L. (1983). Die unerhörte Botschaft der Hysterie. München: Reinhardt.

JACOBI, C. & PAUL, T. (1989). Verhaltenstherapie bei Anorexia und Bulimia nervosa. In: C. Jacobi, P. Thomas & J.C. Brengelman (Hrsg.), Verhaltenstherapie bei Eßstörungen: Theorie und Praxis. München: Gerhard Röttger.

JACOBY, G.E. (1992). Zentralthema Hunger: Tiefenpsychologisch fundierte stationäre Behandlung bei Eßstörungen. *Psycho: Psychiatrie, Neurologie und Psychotherapie für Klinik und Praxis, 2,* 112-120.

JÄGER, B. (1992). Zur Polyvalenz psychosomatischer Symptomatik: Strukturgleichungsanalyse ätiologischer Modelle der Krankheitsentstehung und Aufrechterhaltung bei Bulimia nervosa. Aachen: Shaker.

JIMERSON, D.C., BRANDT, H.A. & BREWERTON, T.D. (1988). Evidence for Altered Serotonin Function in Bulimia and Anorexia Nervosa: Behavioral Implications. In: K.M. Pirke, W. Vandereycken & D. Ploog (Hrsg.), The Psychobiology of Bulimia Nervosa. Berlin: Springer.

JOHNSON, C. (1985): Initial Consultation for Patients with Bulimia and Anorexia Nervosa. In: D.M. Garner & P.E. Garfinkel (Hrsg.), Handbook of Psychotherapy for Anorexia Nervosa and Bulimia. New York: The Guildford Press.

KALUCY, R.S., GILCHRIST, P.N., McFARLANE, C.M. & McFARLANE, A.C. (1985). The Evolution of a Multitherapy Orientation. In: D.M. Garner & P.E. Garfinkel (Hrsg.), Handbook of Psychotherapy for Anorexia Nervosa and Bulimia. New York: The Guildford Press.

KÄMMERER, A. (1989a). Vorbemerkungen. In: A. Kämmerer & B. Klingenspor (Hrsg.), Bulimie: Zum Verständnis einer geschlechtsspezifischen Eßstörung. Stuttgart: Kohlhammer.

KÄMMERER, A. (1989b). Zur Diagnostik der Bulimie. In: A. Kämmerer & B. Klingenspor (Hrsg.), Bulimie: Zum Verständnis einer geschlechtsspezifischen Eßstörung. Stuttgart: Kohlhammer.

KAMPER, D., WULF, C. (Hrsg.). (1982). Die Wiederkehr des Körpers. Frankfurt a.M.: Suhrkamp.

KEIL, A. (1988). Leben zwischen Gesundheit und Krankheit. Kassel: Prolog.

KIESELBACH, D. (1985). Bulimarexie als zusätzliche Sucht bei alkohol- und/oder medikamentenabhängigen Frauen. In: J. Brakhoff (Hrsg.), Eßstörungen: Ambulante und stationäre Behandlung. Freiburg i.B.: Lambertus.

KIESELBACH, D. (1995). Beratung und Behandlung von Eßstörungen in Suchtberatungsstellen. *Inforum: Das Suchtmagazin der freien Verbände in Nordrhein-Westfalen, 12, 12-16.*

KLEINSPEHN, T. (1987). Warum sind wir so unersättlich: Über den Bedeutungswandel des Essens. Frankfurt a.M.: Suhrkamp.

KLINGENSPOR, B. (1989). Die Psychologie eines soziokulturellen Phänomens. In: A. Kämmerer & B. Klingenspor (Hrsg.), Bulimie: Zum Verständnis einer geschlechtsspezifischen Eßstörung. Stuttgart: Kohlhammer.

KLOTH, B. (1993). Zum Kotzen. Das Aufbegehren einer eßsüchtigen Frau gegen ihre selbstzerstörerische Krankheit. München: Heyne.

KNAPP, G.A. (1990). Zur widersprüchlichen Vergesellschaftung von Frauen. In: E.-H. Hoff (Hrsg.), Die doppelte Sozialisation Erwachsener. Weinheim: DJI, Juventa.

KOCH, C. (1988). Sachlich, Sportlich, Sinnlich: Frauenkleidung in den zwanziger Jahren. In: K. von Soden & M. Schmidt (Hrsg.), Neue Frauen: Die zwanziger Jahre. Berlin: Elefanten Press.

KOHLI, M. (1994). Institutionalisierung und Individualisierung der Erwerbsbiographie. In: U. Beck & E. Beck-Gernsheim (Hrsg.), Riskante Freiheiten. Frankfurt a.M.: Suhrkamp.

KRÄMER, U. (1988). Eß- und Magersucht als Selbstheilung. Pfaffenweiler: Centaurus.

KREBS, B. (1985). Psychodrama in der Behandlung von Eß-Süchtigen. In: J. Brakhoff (Hrsg.), Eßstörungen: Ambulante und stationäre Behandlung. Freiburg i.B.: Lambertus.

KREBS, B. (1991). Eßstörungen oder die Sehnsucht nach Frau. In: Frauen lernen leben e.V. (Hrsg.), Die unerträgliche Schwere des weiblichen Seins: Dokumentation zur frauenspezifischen Fachtagung zum Thema Eßstörungen. Köln: Eigendruck.

KRÜGER, H. & BORN, C. (1990). Probleme der Integration von beruflicher und familialer Sozialisation in der Biographie von Frauen. In: E.-H. Hoff (Hrsg.), Die doppelte Sozialisation Erwachsener. Weinheim: DJI, Juventa.

KRÜLL, M. (1995). Frauenzeit - Männerzeit. *Psychologie Heute, 9, 52-55.*

LACEY, J.H. (1985). Time-Limited Individual and Group Treatment for Bulimia. In: D.M. Garner & P.E. Garfinkel (Hrsg.), Handbook of Psychotherapy for Anorexia Nervosa and Bulimia. New York: The Guildford Press.

LAESSLE, R.G. (1989). Affektive Störungen und bulimische Syndrome. In: M.M. Fichter (Hrsg.), Bulimia nervosa: Grundlagen und Behandlung. Stuttgart: Enke.

LAESSLE, R.G. & PIRKE, K.M. (1989). Psychobiologische Grundlagen bei Anorexia nervosa und Bulimia nervosa. In: C. Jacobi, T. Paul & J.C. Brengelmann (Hrsg.), Verhaltenstherapie bei Eßstörungen: Theorie und Praxis. München: Gerhard Röttger.

LAESSLE, R.G., SCHWEIGER, U., FICHTER, M.M. & PIRKE, K.M. (1988). Eating Disorders and Depression: Psychobiological Findings in Bulimia and Anorexia Nervosa. In: K.M. Pirke, W. Vandereycken & D. Ploog. (Hrsg.), The Psychobiology of Bulimia Nervosa. Berlin: Springer.

LANGLOTZ-WEIS, M. (1985). Die Behandlung bulimarektischer und anorektischer Patienten im stationären Bereich. In: J. Brakhoff (Hrsg.), Eßstörungen: Ambulante und stationäre Behandlung. Freiburg i.B.: Lambertus.

LANGSDORFF, M. (1985). Die heimliche Sucht, unheimlich zu essen. Frankfurt a.M.: Fischer.

LAWLOR, R. (1993). Am Anfang war der Traum: Die Kulturgeschichte der Aborigines. München: Droemer Knaur.

LAWRENCE, M. (Hrsg.). (1989). Satt aber hungrig: Frauen und Eßstörungen. Reinbek bei Hamburg: Rowohlt.

LIEDLOFF, J. (1992). Auf der Suche nach dem verlorenen Glück: Gegen die Zerstörung unserer Glücksfähigkeit in der frühen Kindheit. München: Beck.

LINDER, M. (1993). Sucht und Sehnsüchte. Ein Erfahrungsbericht zur Bulimie. Freiburg i.B.: Herder.

LIOTTI, G. (1989). Ein kognitiv-personales Verständnis der Bulimia nervosa. In: A. Kämmerer & B. Klingenspor (Hrsg.), Bulimie: Zum Verständnis einer geschlechtsspezifischen Eßstörung. Stuttgart: Kohlhammer.

LOISELLE, R.H. (1993). Sexual Abuse and Its Relationship to Eating Disorders. In: A.J. Giannini & A.E. Slaby (Hrsg.), The Eating Disorders. New York: Springer.

MEERMANN, R. & VANDEREYCKEN, W. (1987). Therapie der Magersucht und Bulimia nervosa: Ein klinischer Leitfaden für den Praktiker. Berlin: de Gruyter.

MEERMANN, R. & ZELMANSKI, S. (1994). Theorie und Praxis der Selbsthilfegruppenarbeit bei Eßstörungen. Regensburg: Roderer.

MENNELL, S. & SIMONS, K. (1989). Die Soziologie der Bulimie. In: A. Kämmerer & B. Klingenspor (Hrsg.), Bulimie: Zum Verständnis einer geschlechtsspezifischen Eßstörung. Stuttgart: Kohlhammer.

MILLER, A. (1983). Am Anfang war Erziehung. Frankfurt a.M.: Suhrkamp.

MITCHELL, J. (1989). Aerobic und Bodybuilding: Wie gesund ist die Fitneß. In: M. Lawrence (Hrsg.), Satt aber hungrig: Frauen und Eßstörungen. Reinbek bei Hamburg: Rowohlt.

MITCHELL, J. & POMEROY, C. (1989). Medizinische Komplikationen der Bulimia nervosa. In: M.M. Fichter (Hrsg.), Bulimia nervosa: Grundlagen und Behandlung. Stuttgart: Enke.

MITSCHERLICH, A. (1966). Krankheit als Konflikt. Studien zur psychosomatischen Medizin (Bd.1). Frankfurt a.M.: Suhrkamp.

MOELLER, M.L. (1992). Anders helfen: Selbsthilfegruppen und Fachleute arbeiten zusammen. Frankfurt a.M.: Fischer.

MOHR, O. (1996). Jetzt hungert Mann. *Psychologie Heute, 2, 12-13.*

MORLEY, J.E. (1989). Streß und Eßstörungen. In: M.M. Fichter (Hrsg.), Bulimia nervosa: Grundlagen und Behandlung. Stuttgart: Enke.

NASSER, M. (1988). Culture and Weight Consciousness. *Journal of Psychosomatic Research, 32, 573-576.*

NUBER, U. (1995). Das Männer-Medium. *Psychologie Heute, 5, 16-17.*

NUBER, U. (1996). Es begann als Diät und wurde zum Hobby. *Psychologie Heute, 9, 20-27.*

NUBER, U. (1997). Auf dem Rücken der Frauen. Wie Frauen einander helfen, Männer und die Gesellschaft zu entlasten. *Psychologie Heute, 1, 38-43.*

NUTZINGER, D.O. & DEZWAAN, M. (1989). Verhaltenstherapie bei Bulimia: Rückblick und Ausblick. In: M.M. Fichter (Hrsg.), Bulimia nervosa: Grundlagen und Behandlung. Stuttgart: Enke.

OLBRICHT, I. (1995). Eßstörungen in der Pubertät - Krankheit oder Selbstheilungsversuch? Physische und psychische Entwicklungsprozesse als Auslöser für Eßstörungen bei heranwachsenden Mädchen. Vortrag im Frankfurter Zentrum für Eßstörungen.

OLBRICHT, I. (1996). Konzepte der Wicker-Klinik, Bad Wildungen. Bad Wildungen: Eigendruck.

ORBACH, S. (1979). Anti Diät Buch: Über die Psychologie der Dickleibigkeit, die Ursachen von Eßsucht. München: Frauenoffensive.

ORBACH, S. (1984). Anti Diät Buch (II): Eine praktische Anleitung zur Überwindung von Eßsucht. München: Frauenoffensive.

ORBACH, S. (1985). Accepting the Symptom: A Feminist Psychoanalytic Treatment of Anorexia Nervosa. In: D.M. Garner & P.E. Garfinkel (Hrsg.), Handbook of Psychotherapy for Anorexia Nervosa and Bulimia. New York: The Guildford Press.

ORBACH, S. (1991). Der weibliche Körper und Eßstörungen. In: Frauen lernen leben e.V. (Hrsg.), Die unerträgliche Schwere des weiblichen Seins: Dokumentation zur frauenspezifischen Fachtagung zum Thema Eßstörungen. Köln: Eigendruck..

ORLEANS, C.T. & BARNETT, L.R. (1984). Bulimarexia: Guidelines for Behavioral Assessment and Treatment. In: R.C. Hawkins II, W.J. Fremouw & P.F. Clement (Hrsg.), The Binge-Purge Syndrome: Diagnosis, Treatment, and Research. New York: Springer.

O'ROURKE, D., WURTMAN, J.J. & WURTMAN, R.J. (1988). Serotonin Implicated in the Etiology of Seasonal Affective Disorder with Carbohydrate Craving. In: K.M. Pirke, W. Vandereycken & D. Ploog (Hrsg.), The Psychobiology of Bulimia Nervosa. Berlin: Springer.

OVERBECK, G. (1984). Krankheit als Anpassung: Der sozio-psychosomatische Zirkel. Frankfurt a.M.: Suhrkamp.

PAUL, T. (1987): Zur Heterogenität des Krankheitsbildes der Bulimia Nervosa: Ein taxonometrischer Ansatz. *Zeitschrift für Klinische Psychologie, 16, 99-114.*

PAUL, T. & JACOBI, C. (1989). Psychomotorische Elemente in der Therapie der Anorexia und Bulimia Nervosa. In: C. Jacobi, T. Paul & J.C. Brengelmann (Hrsg.), Verhaltenstherapie bei Eßstörungen: Theorie und Praxis. München: Gerhard Röttger.

PFANNENSCHWARZ, C. (1996). Der Körper-Falle entkommen. *Psychologie Heute, 3, 44-45.*

PIRKE, K.M. (1989). Störungen zentraler Neurotransmitter bei Bulimia. In: M.M. Fichter (Hrsg.), Bulimia nervosa: Grundlagen und Behandlung. Stuttgart: Enke.

PIRKE, K.M., VANDEREYCKEN, W. & PLOOG, D. (Hrsg.). (1988). The Psychobiology of Bulimia Nervosa. Berlin: Springer.

POLIVY, J. & HERMAN, C.P. (1985). Dieting and Binging: A Causal Analysis. *American Psychology, 40, 193-201.*

POLIVY, J. & HERMAN, C.P. (1993). Etiology of Binge Eating: Psychological Mechanism. In: C.G. Fairburn & G.T. Wilson (Hrsg.), Binge Eating: Nature, Assessment, and Treatment. New York: The Guildford Press.

Psychologie Heute (Redaktion). (1997). Pathways - Neue Wege aus der Eß-Störung. *Psychologie Heute, 4, 13.*

RAU, J.H., GREEN, R.S. (1984). Neurological Faktors Affecting Binge Eating: Body over Mind. In: R.C. Hawkins II, W.J. Fremouw & W.F. Clement (Hrsg.), The Binge-Purge Syndrome: Diagnosis, Treatment and Research. New York: Springer.

RHODE-DACHSER, C. (1991). Bulimie und Borderline-Syndrom: Sinn und Problematik einer Diagnose. In: Frankfurter Zentrum für Eßstörungen (Hrsg.), Schriftenreihe Eßstörungen (Bd.1). Frankfurt: Eigendruck.

ROCHE, L. (1987). Essen als Strafe. München: Knaur.

ROOT, M.P.P., FALLON, P. & FRIEDRICH, W.N. (1986). Bulimia: A Systems Approach to Treatment. New York: W.W. Norton.

ROSEN, J.C. & LEITENBERG, H. (1985). Exposure plus Response Prevention Treatment of Bulimia. In: D.M. Garner & P.E. Garfinkel (Hrsg.), Handbook of Psychotherapy for Anorexia Nervosa and Bulimia. New York: The Guildford Press.

ROSEN, J.C. & LEITENBERG, H. (1988). The Anxienty Model of Bulimia Nervosa and Treatment with Exposure Plus Response Prevention. In: K.M. Pirke, W. Vandereycken & D. Ploog (Hrsg.), The Psychobiology of Bulimia Nervosa. Berlin: Springer.

ROTH, G. (1994). Essen als Ersatz. Wie man den Teufelskreis durchbricht. Reinbek bei Hamburg: Rowohlt.

ROUSSELLE, A. (1993). Der Körper und die Politik. In: P. Schmitt Pantel (Hrsg.), Antike. In: G. Duby & M. Perrot (Hrsg.), Geschichte der Frauen (Bd.1). Frankfurt a.M.: Büchergilde Gutenberg.

RUSSELL, G.F.M. (1979). Bulimia Nervosa: An Omnious Variant of Anorexia Nervosa. *Psychological Medicine, 9, 429-448.*

RUSSELL, G.F.M. (1989). Diagnostik und klinische Meßverfahren bei Bulimia nervosa. In: M.M. Fichter (Hrsg.), Bulimia nervosa: Grundlagen und Behandlung. Stuttgart: Enke.

SANSONE, R.A. & SANSONE, L.A. (1994). Bulimia Nervosa: Medical Complications. In: L. Alexander-Mott & D.B. Lumsden (Hrsg.), Understanding Eating Disorders: Anorexia Nervosa, Bulimia Nervosa, and Obesity. Washington: Taylor & Francis.

SCHIERSMANN, C. (1991). Veränderungen der Lebenssituation und Lebensplanung von Frauen unter besonderer Berücksichtigung der subjektiven und objektiven Bedeutung von Erwerbsarbeit. In: H.-R. Vetter (Hrsg.), Muster moderner Lebensführung. München: DJI.

SCHIMPF, M. (1995). Selbstheilung von Eßstörungen für langjährig Betroffene: Ein Arbeitshandbuch. Dortmund: Borgmann.

SCHMIDT, G. (1989). Bulimie aus der Perspektive der systemischen Familientherapie. In: A. Kämmerer & B. Klingenspor (Hrsg.), Bulimie: Zum Verständnis einer geschlechtsspezifischen Eßstörung. Stuttgart: Kohlhammer.

SCHMIDT, U., TILLER, J. & MORGAN, H.G. (1995). The Social Consequences of Eating Disorders. In: G. Szmukler, C. Dare & J. Treasure (Hrsg.), Handbook of Eating Disorders: Theory, Treatment and Research. Chichester: John Wiley & Sons.

SCHMIDT, U.H. & TREASURE, J.C. (1996). Selbsthilfeprogramm: Die Bulimie besiegen. Frankfurt a.M.: Campus.

SCHMITZ, B., ECKER, D. & HOFMAN, C. (1991). Stationäre Gruppentherapie bei Patientinnen mit Anorexia und Bulimia nervosa. *Verhaltenstherapie und Psychosoziale Praxis, 1, 19-37.*

SCHNEIDER-HENN, K. (1988). Die hungrigen Töchter: Eßstörungen bei jungen Mädchen. München: Kösel.

SCHULTE, M.J. & BÖHME-BLOEM, C. (1990). Bulimie: Entwicklungsgeschichte und Therapie aus psychoanalytischer Sicht. Stuttgart: Thieme.

SCHUMACHER, H. & WILMES, F. (1994). Schlankheitsmittel: Fette Profite. *Wirtschaftswoche, 12, 42-44.*

SCHWARTZ, R.C., BARRETT, M.J. & SABA, G. (1985). Familiy Therapy for Bulimia. In: D.M. Garner & P.E. Garfinkel (Hrsg.), Handbook of Psychotherapy for Anorexia Nervosa and Bulimia. New York: The Guildford Press.

SCHWARZER, A. (Hrsg.). (1986). Durch dick und dünn. Reinbek bei Hamburg: Rowohlt.

SCHWEDLER, C.I., HOHLER, R. & RIETH, A. (1996). Bulimia Nervosa: Wie man der Diätfalle entkommen kann. *Psychologie Heute, 3, 16.*

SCHWEIGER, U., LAESSLE, R.G., FICHTER, M.M. & PIRKE, K.M. (1988). Cosequences of Dieting at Normal Weight: Implications for the Understanding and Treatment of Bulimia. In: K.M. Pirke, W. Vandereycken & D. Ploog (Hrsg.), The Psychobiology of Bulimia Nervosa. Berlin: Springer.

SENF, W. (1989). Psychoanalytische Betrachtungen zur Bulimie. In: A. Kämmerer & B. Klingenspor (Hrsg.), Bulimie: Zum Verständnis einer geschlechtsspezifischen Eßstörung. Stuttgart: Kohlhammer.

SLABY, A.E. & DWENGER, R. (1993). History of Anorexia Nervosa. In: A.J. Giannini & A.E. Slaby (Hrsg.), The Eating Disorders. New York: Springer.

SMEAD, V.S. (1985). Considerations Prior to Establishing Preventative Interventions for Eating Disorders. *Ontario Psychologist, 17, 12-17.*

SORENSEN, A. (1990). Unterschiede im Lebenslauf von Frauen und Männern. In: K.U. Mayer (Hrsg.), Lebensläufe und sozialer Wandel. Opladen: Westdeutscher Verlag.

STAHR, I., BARB-PRIEBE, I. & SCHULZ, E. (1995). Eßstörungen und die Suche nach Identität: Ursachen, Entwicklungen und Behandlungsmöglichkeiten. Weinheim: Juventa.

STEINHAUSEN, H.C. & SEIDEL, R. (1994a). Die Berliner Verlaufsstudie der Eßstörungen im Jugendalter (2): Die mittelfristige Katamnese nach 4 Jahren. *Der Nervenarzt, 65, 26-34.*

STEINHAUSEN, H.C. & SEIDEL, R. (1994b). Die Berliner Verlaufsstudie der Eßstörungen im Jugendalter (3): Evaluation und Prognose. *Der Nervenarzt, 65, 35-40.*

STEIN-HILBERS, M. & BECKER, M. (1996). Zur Prävention von Eßstörungen. Wie schlank muß ich sein, um geliebt zu werden? Abschlußbericht der Begleitforschung zum Modellprojekt des Bundesministeriums für Familie, Senioren, Frauen und Jugend. Bonn: Eigendruck des BMFSFJ.

STRECKER, M. (1996). Die Freßsucht selbst besiegen. Forschungsprojekt in Bielefeld und London gibt Zuversicht für Eigentherapie. *Neue Westfälische, 165, 42.*

STRIEGEL-MOORE, R.H. (1989). Prävention der Bulimia nervosa. In: A. Kämmerer & B. Klingenspor (Hrsg.), Bulimie. Zum Verständnis einer geschlechtsspezifischen Eßstörung. Stuttgart: Kohlhammer.

STRIEGEL-MOORE, R.H. (1993). Etiology of Binge Eating: A developmental Perspective. In: C.G. Fairburn & G.T. Wilson (Hrsg.), Binge Eating: Nature, Assessment, and Treatment. New York: The Guildford Press.

SWIFT, W.J., RITHOLZ, M., KALIN, N.H. & KASLOW, N. (1987): A Follow-up Study of Thirty Hospitalized Bulimics. *Psychosomatic Medicine, 49, 45-55.*

SZMUKLER, G., DARE, C. & TREASURE, J. (Hrsg.). (1995). Handbook of Eating Disorders: Theory, Treatment and Research. Chichester: John Wiley & Sons.

TARR-KRÜGER, I. (1990). Bulimie und Widerstand: Ein musiktherapeutisch orientierter Ansatz. Heidelberg: Asanger.

TEEGEN, F. (1992). Die Bildersprache des Körpers: Gesundheit kann gelernt werden. Reinbek bei Hamburg: Rowohlt.

THARANG, A. (1985). Gruppentherapie mit Bulimarektikerinnen. In: J. Brakhoff (Hrsg.), Eßstörungen: Ambulante und stationäre Therapie. Freiburg i.B.: Lambertus.

TREASURE, J. & HOLLAND, A. (1995). Genetic Factors in Eating Disorders. In: G. Szmukler, C. Dare & J. Treasure (Hrsg.), Handbook of Eating Disorders: Theory, Treatment and Research. Chichester: John Wiley & Sons.

TRÜCK, G. (1996). Die Sprache der Einsamkeit: Bulimia Nervosa vor dem Hintergrund der weiblichen Wahrnehmungs- und Gefühlswelt. Pfaffenweiler: Centaurus.

VANDEREYCKEN, W. (1989). Körperschemastörungen und ihre Relevanz für die Behandlung der Bulimia. In: M.M. Fichter (Hrsg.), Bulimia nervosa: Grundlagen und Behandlung. Stuttgart: Enke.

VANDEREYCKEN, W., DETH, R.VON & MEERMANN, R. (1992). Hungerkünstler, Fastenwunder, Magersucht: Eine Kulturgeschichte der Eßstörungen. München: dtv.

VANDEREYCKEN, W., KOG, E. & VANDERLINDEN, J. (Hrsg.). (1989a). The Familiy Approach to Eating Disorders: Assessment and Treatment of Anorexia and Bulimia. New York: PMA.

VANDEREYCKEN, W., KOG, E. & VANDERLINDEN, J. (1989b). Introduction. In: W. Vandereycken, E. Kog, J. Vanderlinden (Hrsg.), The Familiy Approach to Eating Disorders: Assessment and Treatment of Anorexia Nervosa and Bulimia. New York: PMA.

VANDEREYCKEN, W., PROBST, M. & MEERMANN, R. (1988). An Experimental Video-Confrontation Procedure as a Therapeutic Technique and a Research Tool in the Treatment of Eating Disorders. In: K.M. Pirke, W. Vandereycken & D. Ploog (Hrsg.), The Psychobiology of Bulimia Nervosa. Berlin: Springer.

VANDERLINDEN, J. (1995). Hypnose bei der Behandlung von Anorexie und Bulimie. München: Quintessenz.

VANDERLINDEN, J. & VANDEREYCKEN, W. (1989a). Familientherapie bei Bulimia nervosa. In: C. Jacobi, T. Paul & J.C. Brengelmann (Hrsg.), Verhaltenstherapie bei Eßstörungen: Theorie und Praxis. München: Gerhard Röttger.

VANDERLINDEN, J. & VANDEREYCKEN, W. (1989b). Overview of the Family Therapy Literature. In: W. Vandereycken, E. Kog & J. Vanderlinden (Hrsg.), The Family Approach to Eating Disorders: Assessment and Treatment of Anorexia Nervosa and Bulimia. New York: PMA.

WAADT, S., LAESSLE, R.G. (1991). Die ambulante Gruppentherapie der Bulimia Nervosa. In: A. Heigl-Evers, I. Helas & H.C. Vollmer (Hrsg.), Suchttherapie: Psychoanalytisch, verhaltenstherapeutisch. Göttingen: Vandenhoeck & Ruprecht.

WALLER, G. & CALAM, R. (1994). Parenting and Familiy Factors in Eating Problems. In: L. Alexander-Mott & D.B. Lumsden (Hrsg.), Understanding Eating Disorders: Anorexia Nervosa, Bulimia Nervosa, and Obesity. Wahington: Taylor & Francis.

WALLER, G., EVERILL, J. & CALAM, R. (1994). Sexual Abuse and the Eating Disorders. In: L. Alexander-Mott & D.B. Lumsden (Hrsg.), Understanding Eating Disorders: Anorexia Nervosa, Bulimia Nervosa, and Obesity. Washington: Taylor & Francis.

WALSH, B.T. (1993). Binge Eating in Bulimia Nervosa. In: C.G. Fairburn & G.T. Wilson (Hrsg.), Binge Eating: Nature, Assessment, and Treatment. New York: The Guildford Press.

WARDETZKI, B. (1992). Spieglein, Spieglein an der Wand oder wer wird Opfer des Schönheitskultes. *Psychologie Heute Special, 4, 44-47.*

WARDETZKI, B. (1991). Weiblicher Narzißmus. Der Hunger nach Anerkennung. München: Kösel.

WARDETZKI, B. (1996). "Iß doch endlich mal normal!": Hilfen für Angehörige von eßgestörten Mädchen und Frauen. München: Kösel.

WATERHOUSE, D. (1995). Die süße Lust: Warum jeder zweiten Frau Schokolade wichtiger ist als Sex. *Psychologie Heute, 5, 28-30.*

WEISS, L., KATZMAN, M. & WOLCHIK, S. (1985). Treating Bulimia: A Psychoeducational Approach. Oxford: Pergamon Press.

Literaturverzeichnis

WEISS, L., KATZMAN, M. & WOLCHIK, S. (1994). Bulimia Nervosa: Definition, Diagnostic Criteria, and Associated Psychological Problems. In: L. Alexander-Mott & D.B. Lumsden (Hrsg.), Understanding Eating Disorders: Anorexia Nervosa, Bulimia Nervosa, and Obesity. Washington: Taylor & Francis.

Westfalen-Blatt (1995, 19.5.). Hunger, der an der Seele nagt: Chefarzt Dr. Georg Ernst Jacoby (Klinik am Korso) im Gespräch. *Westfalen-Blatt (Lokalteil Bad Oeynhausen), 116, 24.*

WHITE, W.C., BOSKIND-WHITE, M. (1984). An Experimential-Behavioural Treatment Program for Bulimarexic Women. In: R.C. Hawkins II, W.J. Fremouw & P.F. Clement (Hrsg.), The Binge-Purge Syndrome: Diagnosis, Treatment, and Research. New York: Springer.

WILSON, C.P., HOGAN, C.C. & MINTZ, I.L. (Hrsg.). (1992). Psychodynamic Technique in the Treatment of the Eating Disorders. Northvale, N.J.: Jason Aronson.

WIMMER, M. (1982). Der gesprochene Körper. Zur Authentizität von Körpererfahrungen in Körpertherapien. In: D. Kamper & C. Wulf (Hrsg.), Die Wiederkehr des Körpers. Frankfurt a.M.: Suhrkamp.

WINAU, R. (1982). Krankheitskonzept und Körperkonzept. In: D. Kamper & C. Wulf (Hrsg.), Die Wiederkehr des Körpers. Frankfurt a.M.: Suhrkamp.

World Health Organization. (1987). International Classification of Diseases (10th ed., ICD-10). Geneva.

YAGER, J., ANDERSEN, A., DEVLIN, M., MITCHELL, J., POWERS, P. & YATES, A. (1993). Practice Guideline for Eating Disorders. *American Journal of Psychiatry, 2, 207-228.*

ZIOLKO, H.U. & SCHRADER, H.C. (1985). Bulimie. *Fortschritte der Neurologie Psychiatrie, 53, 231-252.*

ZUR, O. (1994). Was es bringt, ein Opfer zu sein. *Psychologie Heute, 9, 58-64.*

ZURNIEDEN, S. (1986). Sucht nein danke. In: A. Schwarzer (Hrsg.), Durch dick und dünn. Reinbek bei Hamburg: Rowohlt.

MIX
Papier aus verantwortungsvollen Quellen
Paper from responsible sources
FSC® C105338
www.fsc.org

If you have any concerns about our products,
you can contact us on
ProductSafety@springernature.com

In case Publisher is established outside the EU,
the EU authorized representative is:
**Springer Nature Customer Service Center GmbH
Europaplatz 3, 69115 Heidelberg, Germany**

Printed by Libri Plureos GmbH
in Hamburg, Germany